明日誰かに話したくなる

王家の話

著者 弥嶋よつば
監修 平松健

EPISODES OF ROYALS
YOU'D FIND YOURSELF TELLING SOMEONE TOMORROW

KADOKAWA

はじめに

　歴史はツッコみづらい人が作る、と思うのです。ハプスブルク家のような専制君主の多い時代、その権力は強大です。

「それ以上の近親婚は、しゃくれてしまいます」

「というか、もうしゃくれています」

なんて誰が言えるでしょうか。歴史を作るのはやはり権力者。権力者にはツッコみづらいですよね。だからこそ歴史は動くのかもしれません。スペイン・ハプスブルク家にツッコんでいたらもっと長続きしたでしょうが、彼らが近親婚をしなかったら権力は弱まっていたかもしれません。普通の婚姻では外戚が増え、権力が分散してしまうのです。しゃくれることなく権力弱めのハプスブルク家……完全に歴史が変わってしまいます。というか、そんなのハプスブルク家じゃないとすら思います。そう考えるとツッコミ不在も悪くなさそうですが、人によります。

　かつてイングランド王ヘンリー八世は離婚（結婚を無効に）したいという理由だけでカトリックを抜け、新しく英国国教会を設立しました。そして再び離婚するために、今度は妻の罪をでっちあげて処刑しました。きっと、誰もツッコまないから暴走してしまったのです。

「どんだけ離婚したいねん」

「お前が処刑されろ」

と総ツッコミが入れば、現在の英国国教会は存在しなかったでしょう。また、ヘンリー八世は巨体の中年でありなが

ら四番目の妻アン・オブ・グレーブスを結婚前に一目見ようと、メッセンジャーボーイに変装してアンの泊まっている司教館へと潜入しました。案の定、巨体に度肝を抜かれた様子のアンを見てプライドが傷つき、結婚したくないとゴネだします。

「そりゃ度肝抜かれるわ」

「どこがボーイやねん」

と、潜入前にツッコんでくれる人はいませんでした。ツッコミがいないと王様はわけのわからないことをするのです。

日本だとどうでしょうか。織田信長に対し、比叡山焼き討ってんじゃねぇとツッコんだら……個人的に焼かれそうです。では、最近で歴史を変えた人は誰でしょう、スマートフォンを作ったスティーブ・ジョブズ氏でしょうか。

……ああ、やはりツッコみづらそう。

歴史はいつだってツッコミ不在。いや、リアルタイムでは民衆がツッコんでいたかもしれません。しかし、教科書にツッコミは載らないのです。権力者によっては少しでも悪口を言えば告発される場合もあったでしょう、スターリンとか。織田信長もそうですが、ツッコミは時に命がけなのです。

しかし、現代日本の私たちは自由です。専制君主はもういない。ギロチン送りとか、シベリア送りとか、修道院に幽閉される心配もない。やっと、歴史を作った数々のボケにツッコめる時がやってきました。どうやって？　それが、この本なのです。

さあ、歴史を彩ってきた権力者の、数々のボケを追う旅に出ましょう。抜け落ちたツッコミを今、取り戻すのです。

もくじ

明日誰かに話したくなる
王家の話
CONTENTS

● はじめに……2
● キャラ紹介……8

第1章 スペイン・ハプスブルク家……9

スペイン・ハプスブルク家の始まり……11
初代・カール五世……16
カール五世妃イサベル……18
フェリペの結婚……21
ドン・カルロスの誕生……25
メアリー一世……26
異母弟現る……34
三度目の結婚……36
病弱な問題児……37
ドン・カルロスの反抗……43

妻子の死 …… 46
四度目の結婚 …… 47
黄金時代の王 …… 50
三代目 …… 51
知名度低い王の最期 …… 54
四代目 …… 56
フェリペ四世の弟たち …… 58
フェリペ四世の生活 …… 59
再婚 …… 62
マリアナの憂鬱 …… 64
待望の男児 …… 66
芸術王の最期 …… 68
奇跡の人 …… 70
カルロス二世妃マリア・ルイサ …… 73
最愛の人の死 …… 75
二番目の妃マリアーナ …… 77
カルロス二世の愛と死 …… 79
断絶 …… 83

第2章 エジプト・ツタンカーメン家 85

アメンホテプ三世の王妃ティイ …… 87
遊び好きの王 …… 88
近親婚 …… 89
ミタンニの王女 …… 91
アメンホテプ四世 …… 93
アクエンアテンの宗教改革 …… 98
謎多き王 …… 101
少年王ツタンカーメン …… 105

アンケセナーメンの画策……110
アイと王妃……114
一八王朝最後の王、ホルエムヘブ……115

第3章 イタリア・ボルジア家……119

カリストゥス三世……121
ロドリゴ・ボルジア……122
教皇メーカー……124
アレクサンデル六世……127
新教皇の評価……128
フランスのイタリア侵攻と、アレクサンデルの子供たち……130
ホフレ・ボルジア……131
ルクレツィア・ボルジア……133

フランスの撤退……150
ファン・ボルジア……153
チェーザレ・ボルジア……160
俗人のチェーザレ……168
チェーザレの結婚……174
始動する野望……177
教会軍総司令官……178
進撃のチェーザレ……180
対カメリーノ戦……182
マジョーネの乱……185
協定……189
チェーザレの「時」……190
反乱の終わり……193
教皇の死……194
チェーザレの病状……199

運命の選出……202
オスティアの屈辱……204
一筋の光……207
脱獄……211
出陣……216
皇帝か、死か……218

第4章 他にもある！おもしろ王家 223
ビザンツ帝国・アンゲロス家……225
エルバ公国家……234
ネパール王国・シャハ家……239
バイエルン王国・ヴィッテルスバッハ家……244

● 参考文献……253
● おわりに……254

装丁　西垂水敦、松山千尋（krran）
本文デザイン　ワークワンダース
イラスト　弥嶋よつば
イラスト着色　エコーインテック株式会社
地図作成　佐藤百合子
写真提供　株式会社アフロ、istock
ＤＴＰ　ニッタプリントサービス
校正　友人社

※本書では、王家＝君主と定義し、ボルジア家を扱っています。

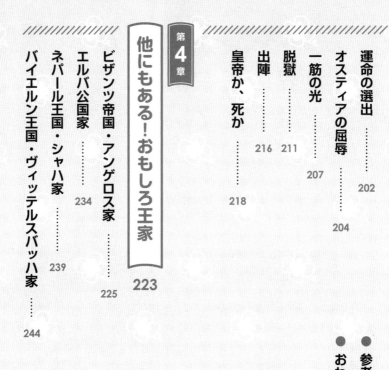

みるくともなかが世界の王家についてお話していくよ

MIRUKU

みるく

子猫（女の子）。なぜか心霊スポットに捨てられているところをもなかに拾われた。もなかと一緒に歴史を旅したり、猫缶を食べるのが大好き。子猫扱いされるのは好きじゃないらしい。

MONAKA

もなか

柴犬とプードルの血を引く犬《わんこ》（女の子）。血筋を誇りに思っているが、つまり雑種じゃない？　と言われると怒るらしい。みるくの世話係であり友達。まだ若いがしっかりしていて歴史好き。

第1章

スペイン・ハプスブルク家

第1章 スペイン・ハプスブルク家

※主な登場人物は84ページの家系図も見てみよう。

こんにちは、みるくです。

こんにちは、もなかです。第一章はスペイン・ハプスブルク家。神聖ローマ帝国の皇帝の座を代々受け継いできた超名門貴族。時代によってドイツ王、スペイン王、ハンガリー王など多くの国家の君主を兼任したすごい一族さ。

へー、すごいわねー。

……**しゃくれとるやないかー!!**

しょっぱなからやめなさい。今のご時世、他人のルックスをいじるのは許されることではない。ただ、この一族に関してはその見た目に触れないわけにはいかないのさ。その点はご理解願おうじゃないか。自分たちの血統を「高貴な青い血」と呼び、身分の違う者や他宗教の者との結婚を避けた。

後列左からマクシミリアン一世、フィリップ美公、マリー女公（マクシミリアン一世の妻）、前列左からフェルディナント一世、カール五世、ラヨシュ二世（ハンガリー王。フィリップ美公の娘マリーの夫）。

そのため近親婚をくり返し、アゴに特徴が出たり後継者が生まれなかったりで断絶してしまったことでも知られているんだ。その歴史と**アゴの軌跡**をみていこう。

アゴの軌跡！

じゃあ、さっそく解説していくわん。

にゃー。

スペイン・ハプスブルク家の始まり

まずはこの人から始めよう、ブルゴーニュ公フィリップ四世。カスティーリャ王としてはフェリペ一世、生まれは一四七八年だ。父親は神聖ローマ帝国皇帝マクシミリアン一世。フィリップは美形で知られたことから「**フィリップ美公**」とか、「端麗公」なんて呼ばれている。

イケメンなのね。

フィリップ美公の血の濃さを表す「近交係数」が最近スペインの大学から発表され、その数値は0.025。

フィリップ四世。1478～。通称フィリップ美公。母親似。

いとこ婚で生まれた子供よりも低いんだ。
※いとこ婚の子……0.0625　はとこ婚の子……約0.0156。
※親同士が兄弟なのがいとこ。親同士がいとこなのがはとこ。

この段階ではさほど近親婚はしてないのね。

そんな美公が結婚したのがスペインの王女、**フアナ**だ。

かわいい子だわ。

この結婚がスペイン統治のきっかけであり、**スペイン・ハプスブルク家誕生のもと**になったのさ。
スペインという領土を狙っての政略結婚ではあったけど、フアナはスペインらしい黒髪で黒い瞳のエキゾチックな美人で二人は一目でお互いを気に入ったと言

フアナ。1479～。フィリップ美公の妻で、エキセントリックなメンヘラ美人。

平松のワンポイント

【フィリップ四世の時代の西欧】
フィリップ四世が産まれる少し前の1453年には、ジャンヌ＝ダルクが活躍した百年戦争が終わっています。また、第4章に登場するビザンツ帝国が滅亡したのも1453年です。一方、彼が生まれた頃のイギリスでは、相続争いであるバラ戦争の真っ最中です。そんな混乱の時代に次代のリーダーになるスペイン＝ハプスブルク家が台頭し始めます。

われているよ。この時ファナは一六歳、フィリップ美公は一七歳。そして、**六人**の子供が生まれる。

多いな。

ただ、二人目の子供が生まれた頃から美公のファナへの愛が冷め、やたら浮気していたという。

美公め。そんで**愛が冷めた後も順調に子供増えるわね！**

そんな浮気性の美公だったが生水を飲んで中毒を起こし、二八歳の若さで亡くなってしまう。

悲しいわねー。

美公は父親から神聖ローマ皇帝の座を引き継ぐ前に亡くなったので、皇帝の座は一五一九年、美公の長男カールが継承し**カール五世**となった。カールはその三年前にファナの父フェルナンド二世からスペインを継承し、すでにスペイン王**カルロス一世**になっていたよ。彼はブルゴーニュ公、スペイン王、ドイツ王、ローマ皇帝など、ハプスブルク家史上最も多くの肩書を持ち、一族の絶頂期を築いた人物だ。

優秀なのねー。

ではカールの顔を見てみよう。

楽しみだわー。

しゃくれとるやないか―――!!!

やめなさい。しゃくれちゃったものは仕方ないだろ。

カール五世。1500～。神聖ローマ皇帝で、スペイン王としてはカルロス一世。アゴなことで有名な肖像画。

両親は美男美女だったのに！　突然変異やん！

落ち着け。カール五世は**勝手に一人でしゃくれたわけじゃない。**フィリップ美公のお父さんであるマクシミリアン一世の顔を見てみよう。10ページの一番左の人物だ。

ええと、どれかしら……。**アゴや―――!!**

はい猫缶。

にゃー。

平松のワンポイント

【カール五世とルター】

カール五世（カルロス一世）は熱心なカトリック教徒として有名でした。1517年にルターが九十五箇条の論題を発表して宗教改革を開始したことを受け、1521年にヴォルムス帝国議会を開催してルターにその主張の撤回を迫りました。ルターが自説を撤回しなかったので、両者の対立は高まり、この対立は数々の宗教戦争へと突入していきます。

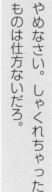

ハプスブルク家から初めて神聖ローマ皇帝になった**ルドルフ一世**もすでにしゃくれていた。下顎前突症《かがくぜんとつしょう》という顎の変形症で遺伝するものだという。近親婚のせいでアゴが出たイメージだけど要素としては元々あったものなのさ。ルドルフ一世は一二一八年生まれ、カールは一五〇〇年生まれだから少なくともすでに**三〇〇年近くしゃくれている。**

三〇〇年！

フィリップ美公は母親のマリーが美人だったからイケメンに生まれたのだろうけど、**三〇〇年燃え続けた灯は、そう簡単に消せはしない……！**

なんか名言みたいに言われたけど、**しゃくれ続けただけの話**やん！

ルドルフ一世からマクシミリアン一世まではわりと四角い輪郭で、カール五世からはアゴの特徴に加えて**細く面長の輪郭**がプラスされているね。これは美公とフアナがわりと面長だったからじゃないかと思う。ハプスブルク家の顔の特徴はそれ以外にも**長い鷲鼻、垂れ下がった厚い下唇**というのもあるよ。

要素が多いな。

平松のワンポイント

【マクシミリアン一世】
婚姻政策を推し進めて領土を拡大し、ハプスブルク家繁栄の基礎を築いたことで有名な神聖ローマ帝国皇帝。ハプスブルク家には「汝、結婚せよ」という家訓があったとの逸話もある。

この要素はカールの女兄弟や、弟のフェルディナントにも受け継がれている。

初代・カール五世

カールの母フアナは、夫の美公を突然亡くしたことで精神を病んでしまい、父親のフェルナンド二世によってほぼ幽閉状態に置かれる。カールは叔母のマルグリッド（マクシミリアン一世の娘）のもとで育てられたので育ちはフランドルで、カールがスペインの地を踏んだのは一七歳の時、スペイン王としての戴冠式のために訪れたのが初めてだったという。その時、自分の国の王子である**カールを初めて見た漁師たちの言葉**が残っている。

ちゃんと王子として認められたのかしら。

漁師 **アゴのおばけだ！**

漁師 **王子どころか人間ですらない！**

漁師 私たちの**三倍**はあるぞ。

アゴに倍率かかるのは笑うしかない。まぁでも陰ではみんな好き勝手なこと言うわよね。

漁師：口を閉じてください**王子さん**、このあたりのハエは無礼だから口の中に入りますよ。

本人に言うてるやん。

カールは上下の歯が噛み合わなかったため常に口を開けており、舌足らずなしゃべり方だったという。面長で青い顔は神経質そうだったが、広い額は知的な雰囲気を醸し出し、輝く瞳は美男だった父親に似て青灰色だったのさ。

アゴは特徴的だけど、きっと魅力的な人だったのね。

そんなカールは**二一歳**の時に婚約をする。相手はイングランドの王女で、いとこのメアリーだ。この時メアリーは**五歳**。

おまわりさーん！

通報するな。政略結婚だから若くして婚約するのは珍しくないし、メアリーがスペイン宮廷へ行くのは一二歳になってからと決められていた。

一二歳でも早いわ。

平松のワンポイント

【フランドル】

フランドル地方は、現在のベルギーとフランス北部にまたがる地方で、毛織物の生産地として有名です。長らく英仏の抗争となっていた地域で、百年戦争の一因にもなっています。中心地はブリュージュでハンザ同盟の商館も置かれ栄えました。絵画でも多くの有名人を輩出し、ファン＝アイク、ブリューゲルなどはフランドル派と呼ばれます。

ただ、カールはメアリーが九歳の時にエメラルドを贈り、**今すぐスペインに来るよう急かした**という。

処刑。

処すな！　カールが早く幼女と結婚したかったわけじゃないよ。メアリーの**持参金が目当て**だったのさ。

持参金かい。

カールはフランス王フランソワ一世との覇権争いや、オスマン・トルコとも戦い、とにかく戦争が多かったから資金が多く必要だった。だが、法外な持参金の要求をされてメアリーの父ヘンリー八世が怒ったのと、ポルトガルからいい結婚話が起きたのもあって婚約は解消された。

カール五世妃イサベル

そしてカールは、ポルトガルの王女**イサベル**と結婚。持参金目当てとはいえ夫婦仲はとてもよかった。イサベルはカールより三歳年下で豊富な金髪、鼻は尖り、小さな口に大きな目。高貴な顔立ちで整った華奢な体。とても美しい女性だったのさ。美しすぎて、「上品で新鮮、光り輝いている」とか、「**白百合の香りを放つ**」とイサベルをたたえる歌ができているよ。

かわいいし、たしかにいい匂いしそう！

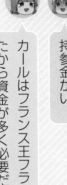

カールは戦争などでスペインを離れることが多かったが、そのわりに五人の子供に恵まれた。

イサベル　あなたのお父様は、ヨーロッパで一番素晴らしいお方なのよ。

イサベルはそう子供に話していたという。

よい妻であり、素敵なお母さんなのね。

二人の長男は**フェリペ**。フェリペにとって父親のカールは偉大で絶対的存在になっていった。だがイサベルは五人目の子供を死産してしまうと体調を崩し、床に伏せてしまう。敬虔なカトリック教徒のイサベルは家族以外に触れられることを嫌い、医者に診てもらうことを拒否し、そのまま**三五歳の若さで亡くなってしまった**……。

イサベルちゃ――――ん！

イサベルは、死後の遺体から**内臓を取り出したり**、**芳香剤を詰める**などの処理

イサベル・デ・ポルトゥガル・イ・アラゴン。1503～。カール五世の妻であり、いい匂いがする。

平松のワンポイント

【イタリア戦争】

イタリアの北部はフィレンツェなどが高い経済力を持つと同時に、ルネサンスの舞台として繁栄する一方で、政治的には分裂抗争を繰り返していました。中部にはローマ教皇が存在し、フランス王・神聖ローマ皇帝の力をうまく利用しながら権力の維持を図っていました。そんな複雑な状況下のイタリアを支配下に置こうとフランスとハプスブルク家は戦争を行いました。

も拒否していた。

ミイラにしようとしてる?

亡くなったのはトレドだったが、ハプスブルク家の霊廟はグラナダにあった。車がない時代に長距離で遺体を運ぶには防腐処理が必要だったが、イサベルの遺体は生前に望んだとおり塩蔵のみの処理にとどまった。夫のカールは妻の死にショックを受けすぎて**一か月修道院にこもり**、イサベルの亡骸を見ることもできず、葬列を主催することもできなかった。

どんだけできないのよ。葬儀ぐらいちゃんとしてあげて。

カールが頼りにならないので、葬儀に付き添ったのは**長男のフェリペ**だった。だが、防腐処理が不十分なイサベルの遺体はグラナダに着く頃には**すっかり腐敗**してしまった。めちゃくちゃ臭いし、黒い塊となってしまった母の姿にフェリペは大ショックを受けてしまったという。

仕方ないとはいえ、**白百合の香りを放っていたお母さんが悪臭を放っていたら**ショックよね。

悪臭よりも黒い塊になっていたのがショックだったんじゃないか。美しいイサベルとはいえ生前も**たまには臭い時もあっただろう**し。

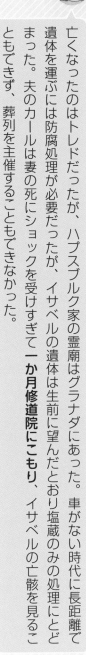

イサベルちゃんは臭くなんかないわよ！

ちなみに葬儀を取り仕切ったのは臣下のサン・フランシスコ・デ・ボルハだったけれど、ボルハも腐敗したイサベルの姿にショックを受けすぎて**聖職者になった**という。

どういうショックの受け方やねん。

修道院にこもって役に立たなかったカールだが、その後は**生涯、喪服を着ていた**という。

ほんとにイサベルちゃんが好きだったのね……。

フェリペの結婚

カールは息子のフェリペが一六歳の時、政略結婚をさせる。その際、カールは息子にこう言い聞かせた。

カール五世

お前は私のたった一人の息子だ。私は今後息子を持つ予定はないからね。王女が来るまでに、他の女性に目移りしてはならない。王女が来てからも過ちを犯してはならない。それは、神に対して罪なだけでなく妻に対して、世界に対しても恥ずべきことであるからだ。

ええこと言うわね。

では、そろそろ**フェリペ**の顔を見てみよう。

お父さんのカールが特徴的だからなー。大丈夫かな。

フェリペ。のちのフェリペ二世。1527～。美脚をアピールしている。

あれ、**カッコいい!**

そう、文献によるとこう書いてある。

文献

広くて美しい額、まっすぐな鼻、**つながった眉**。

たしかにつながっている。

文献

赤くて肉感的な唇。やっぱりしゃくれてはいるけど美男だった。

祖父母に似てイケメンだったのさ。母親のイサベルも美形だったし。そんなフェリペと結婚したポルトガル王女は**マリア・マヌエラ**だ。マリアは美しいという話も聞いていたが、太っているという噂もあったのでフェリペは気にしていたという。だが、結婚前にこう報告を受ける。

報告　王女は背が高く、とてもよいスタイルです。

噂は間違いだったのねー。

報告　痩せて貧弱というよりは**太っています**。

間違いではなかった！

報告　しかし、子供の頃は**もっと太っていました**。

フォローになってない！

報告　皆、王女のことを天使のように寛容な心を持っていると言っています。とてもおしゃれで上手に踊ります。

素敵な王女様なのね。

とてもよい王女だが一つ問題があり、フェリペと**血縁関係が近い**。フェリペとマリアは**いとこ**だったのさ。

いとこだったら大丈夫でしょ。**サ○エさんとノ○スケさんが結婚**するようなものよ。

伏字ばっかでわかりにくいよ！　本だと**権利関係**とかややこしいからその例えはマズい！

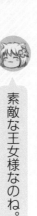

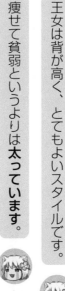

ガーン。

ただのいとこではない。二人は母方から見ても父方から見てもいとこなんだ。フェリペの両親もいとこ婚だし、マリアの両親もいとこ婚。もはや、**いとこまみれ**なのさ。

まみれてんの!?

血縁関係は近いが、フェリペはマリアをとても気に入った。結婚前、待ちきれずにカウボーイに扮してこっそり見に行ったぐらいだ。マリアは明るく陽気な女性で、フェリペは口数は少なく社交的ではなかったというが音楽好きでダンスがうまく、芸術家タイプで建築と数学が好きだったという。

夫婦はうまくいきそうね。

ちなみにフェリペは子供の頃は病気がちで九歳の時にはすでに胃を患い、マラリア、喘息、水疱瘡にもかかった。

めっちゃかかるやん。治ってよかったわ。

痔でもあった。

カメラ目線でカッコつけているけど痔ーやったんか……。

痔でもカッコつけていいだろ。
子供の時以外で痔の話は見当たらなかったので、大きくなる頃にはすっかり治っていたのかもね。

ドン・カルロスの誕生

二人の仲はとてもよく、幽閉状態の祖母ファナに会った時には夫婦でダンスを踊り、年老いたファナを喜ばせたという。

ファナちゃんはまだ幽閉されていたのね……。

結婚から一年八か月後、子供が生まれる。

おめでとうー！

しかし、難産に苦しんだ後、出産の翌日からマリアは発熱。**まだ一七歳の若さでこの世を去った……。**

いやあああ‼ 悲しすぎるわーー！

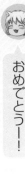

その時に生まれたのが王子、**ドン・カルロス**。祖父のカール五世のスペイン名にちなんでいる。**オペラ「ドン・カルロ」のモデルとなった人物だよ。**

あ、フェリペに似ている！　若干アゴが気になるけどかっこいい。

ああ。だが、これはかなり美化されていると言われる。**いとこまみれ婚**の影響があるのか、カルロスは生まれた時から頭が異様に大きく病弱であったという。

ドン・カルロス・デ・アウストリア。1545〜。戯曲やオペラのモデルになっている。

メアリー一世

父親のカールはフェリペに政治経験を積ませようと、フェリペが二一歳の時にネーデルラントに呼び寄せた。フェリペはここから二年九か月にわたりヨーロッパ中を巡り、これがフェリペの生涯たった一度の大旅行となる。フェリペが不在の間のスペインはフェリペの妹マリアと、マリアと結婚したばかりのいとこ、マクシミリアンに任された。

いとこ婚が多いな。

フェリペは不愛想だったので、陽気なネーデルラント人には不人気だったらしい。

眉毛つながりおばけとか呼ばれていたんでしょうね。

なんですぐおばけ呼ばわりされるんだ。フェリペがスペインに戻る頃にはマリア夫婦に娘のアナが生まれており、二歳になっていた。フェリペはアナをかわいがり**頬ずり**したという。

フェリペのヒゲ面で頬ずりされたら大泣きしたでしょうね。

一方のカールはこの頃五〇歳頃。若い時からの痛風が悪化して動くのも辛く、糖尿でもあり、いつもお腹を空かせていたという。

つらいわねー。

カールは、フェリペに二度目の結婚をさせる。相手はイングランド女王**メアリー一世**。世界史的にはメアリー一世と呼ばれることが多い。かつて、**カール自身が婚約していた相手**だ。

持参金目当てで結婚しようとエメラルドを贈っていた相手ね！

この時フェリペ二七歳、メアリー**三八歳**。

年の差！

しかもメアリーは王女でありながら庶子の身分に落とされたり命を狙われたりしてきた苦労人だった。苦労のせいか実年齢よりかなり老けて見え、額が広いというかほぼ**禿げあがっていた**のでカツラをつけていた。さらに近視で目つきが悪く、歯槽膿漏で歯も少なかったのさ。

かなり苦労したのねえ。

苦労人のため他人を簡単に信用しなかったメアリーだが、フェリペの肖像画には心を奪われたという。

イケメンは強いな。

メアリーはフェリペがイングランドに入ると、こっそり様子を見に行った。フェリペのほうはメアリーの老けた容姿に落胆したようだけど結婚はカールに命じられたことであり、父親の命令は絶対だったから態度には出さなかった。フェリペはちゃんとメアリーを礼儀正しく紳士的に、大切に扱ったよ。

メアリー一世。1516～。イングランド女王。苦労人。

平松のワンポイント

【メアリー一世】

テューダー朝の王メアリー一世はイギリス史上最初の女王です。父親はあのヘンリ八世で、異母妹はエリザベス一世です。母親はスペインの王女カザリンであったことから熱心なカトリック教徒でした。多くのプロテスタントを処刑したことから、「血のメアリ（ブラッディ・メアリ）」と呼ばれ憎悪されました。カクテルの名前にもなっていることで有名ですね。

眉毛つながっているだけあるわ。

フェリペの使命はメアリーとの間に跡継ぎを作ることと、イングランドを**カトリックの国**にすることだった。ハプスブルク家もメアリーも敬虔なカトリックなのさ。メアリーはフェリペの思いに応えるように……**異端審問**に励んだ。

異端審問？

異教徒、ここではプロテスタントの**弾圧**だ。主に拷問したり、**火あぶりで処刑したり**。

こわっ！　そんなのに励まないでほしいわ。

メアリーは結婚後すぐに妊娠。

よかったわねー！

想像妊娠だった。

想像かーい！

世継ぎを作るプレッシャーの多い時代、想像妊娠は多く実際にメアリーは母乳まで出たという。やがて出産予定日が近づくと出産で何かあった時のために遺書を書いた。そして、いざ出産の時になり、**鐘が鳴らされた。**

おいおい！

想像妊娠だった……。

さっき聞いたわよ！　どうするのよ、**鐘まで鳴らして！**

メアリーは落胆し、フェリペは**大恥ぶっこいた**。もう世継ぎを作るのは難しいのではないかとフェリペが考えだした頃、父親のカールからネーデルラントに来るよう呼び出されてイングランドを去ることになる。イングランドに滞在したのはわずか一年と二か月ほどで、港でフェリペを見送るメアリーの目には涙が滲んでいたという。

うぅ、つらいわねー。

カールがフェリペを呼び出したのは自身の退位のためだった。カールは痛風も悪化し、肉体的・精神的にも限界がきていたのさ。そうしてフェリペはスペインを継ぎ、スペイン王**フェリペ二世**となった。

おめでとうーー！

神聖ローマ帝国皇帝の地位はカールの弟**フェルディナント一世**が継いだ。これ以降、フェリペはスペイン・ハプスブルク家を継ぎ、フェルディナント一世以降は**オーストリア・ハプスブルク家**として存続していくことになる。スペイン王となったフェリペは一年半ぶりにイングランドに戻り、**メアリーは大喜び。**

よかったわねメアリーちゃん！

フェリペはイタリア支配をめぐってフランスと戦争するための**戦費をメアリーに援助してもらうよう頼みにきた**のさ。

金の無心だったー！

結婚の際、フェリペはイングランドを戦争に巻き込まないという契約だったにもかかわらずメアリーは**惚れた弱みでフェリペに援助を約束。**この時メアリーは卵巣嚢胞《のうほう》、もしくは子宮がんだったといわれている。弱ったメアリーの様子を見て、フェリペは彼女がもう長く生きられないと思い……。

戦争をやめてメアリーちゃんの側にいようとしたのね。

メアリーの妹、**エリザベスに結婚を打診する。**

ひっかいてやる――――!!

爪を立てるんじゃない。メアリーにはバレなかったからまだよかったよ。

フェルディナント一世。1503～。兄のカール五世に似て愛妻家だった。

聞いてよカール、フェリペがねー。

カール五世

どうかしたん？

カールにチクるんじゃない！ 結局、フェリペは三か月滞在しただけで再びイングランドを去り、翌年メアリーはこの世を去った。まだ四二歳だったよ。

うぅ、メアリーちゃん……。

フェリペはメアリーの**葬儀にも出席しなかった。**

ひどすぎるやろ！

フェリペはすぐメアリーのもとを離れるし戦費をせびりに来るし、ひどい夫のように思うだろう。だが、フェリペはメアリーの側にいる時は礼儀正しく、優しく、何より彼女を大切にしていたのさ。

ほんまか？

メアリーはフェリペがフランスに勝利した時、記念にとフェリペの肖像画を頼み、彼もそれに応えている。自身の肖像画を送るとともに、フェリペはメアリーへの手紙にこう書き記した。

フェリペ二世

いつまでも、あなたの心に私の姿を焼き付けていてほしいのです。

ちゃんと愛情がこもっていたのさ。メアリーのもとをすぐに去ったのだってカールの命令だから仕方がなかった。エリザベスに結婚の打診をしたのはどうかと思うが、メアリーの死後もイングランドと関係を続けるためだし、葬儀に出席できなかったのもスペイン王という立場上すぐには動けなかったから。フェリペは自分のできる限り**メアリーを幸せにしようとしていた。**二人が一緒にいたのは全部で一年五か月に過ぎないが、**苦労の多かった彼女の人生に、間違いなく幸せをもたらしたのさ。**

メアリーちゃんはちゃんと幸せな時を過ごせたのね、たとえ短い間でも……。

一方、フェリペの父親のカールは退位後、スペイン西部のユステで過ごしていた。痛風なのに好きなものを好きなだけ飲んだり食べたりしていたので病状は悪化し、そのままユステで五八歳の生涯を閉じた。

お疲れさま、カール……。持参金目当てで結婚しようとしてたこと忘れないわよ。

それは忘れてあげろよ。カールの葬儀はユステではなくネーデルラントで行われたという。

ネーデルラントに着く頃には**悪臭を放っていたでしょうね。**

なんで防腐処理されてないいんだ。

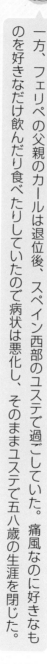

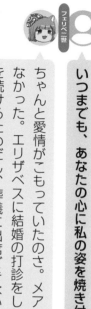

異母弟現る

カールの葬儀が終わってしばらくしてフェリペはスペインへと帰国した。彼がスペインに戻ったのは五年ぶりだったという。フェリペの帰国祝いとしてバリャドリッドの広場で**異端審問**が開かれた。

ちょっと待って！　**パーティーが開かれたみたいに言ったけど、**異端審問て何だっけ。

プロテスタントの人々を迫害するために、拷問したり火あぶりにするやつだ。

そんなんお祝いに開くな!!

広場で**キャンプファイアー**するみたいな感じなのかな。

火の中に人おるねん！

この時、広場である少年に出会う。カールの信頼が厚かった臣下に連れられてやってきた一二歳の少年、**ヘロニモ**。この子はなんと**カールの庶子**で、フェリペの**異母弟**だ。カールが四六歳の時、ドイツで作った子だ。

「**今後息子を持つ予定はない**」って言うてたやん！

しかもイサベルちゃんの死後はずっと**喪服を着てたんちゃうんかい！**

カールもイサベルが死んで寂しかったんだろう、**喪服で子供作ってんじゃねぇよ**と思う気持ちもわかるけど。ではヘ**ロニモの顔を見てみよう。**

……**しゃくれてないから偽者。**

アゴで判断するんじゃない。

カールと似てなさすぎるわよ。フェリペもヘロニモがカールの子だとは認めないでしょうね。

認めろよ、なんで**フェリペもアゴで判断してんだ。**カールは生前、ヘロニモの存在を公にしていなかった。ヘロニモはレガネスというマドリッド郊外の田舎町で、カールの宮廷にいたビオラ奏者の家庭で育てられていたんだ。だがカールの死後、遺言によりヘロニモはフェリペに託されることになった。フェリペは彼に親近感を感じ、

フェリペ二世

私の父親が君の父親でもあるのだよ。

ヘロニモ（フアン・デ・アウストリア）。1547～。カール五世の庶子。きっと母親似。レパントの海戦で活躍する。

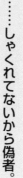

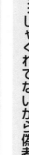

と言ってヘロニモを抱きしめたという。

何か通じるものがあったのかしらねー。

フェリペはヘロニモの名前を変えさせ、**ファン・デ・アウストリア**となった。ファンはとてもイケメンだったよ。

三度目の結婚

フェリペが五年ぶりにスペインに戻ってきたのには目的があった。彼は**再婚**が決まっていたんだ。

また再婚すんの!?

相手はフランスの王女**エリザベート・ド・ヴァロワ**。前の妻であるメアリーが亡くなってイングランドとつながりが切れてしまったんで今度は長年の敵だったフランスと講和を結び、フランス王アンリ二世の娘であるエリザベートと政略結婚を決めたのさ。二人の間に目立った血縁関係はないよ。

近親婚じゃないのね、じゃあ何も問題ないわ。

この時フェリペは三二歳、エリザベートは**一四歳**。

問題しかなかったわ。

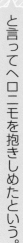

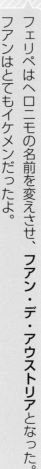

この時代なら仕方ないだろ。エリザベートは可憐で明るく美人で、宮廷まで明るくなった。贅沢が好きでフェリペもそれを許していた。彼女は病弱だったのでベッドに伏せていた時、フェリペはずっと側にいたという。最初の妻との間に生まれていた息子ドン・カルロスとエリザベートは、義母と息子の関係ながら同い年。異母弟のファンはその二歳下。**同年代の三人**は仲がよかった。

フェリペだけ年上で寂しかったでしょうね。

なんで仲間に入れてもらえないんだ。ちなみにドン・カルロスとエリザベートはかつて**婚約者**だったよ。

え、フェリペは息子の婚約者と結婚したんかい。

カルロスは病弱なので、縁談は多かったけどなかなか話が進まなかったんだ。フェリペとエリザベートの結婚式でも彼は熱を出して出席できず、カルロスの次期王位継承を宣誓するための議会でも、彼は歩くのも座るのもやっとの状態だったという。

病弱な問題児

カルロスは病弱でありつつ問題児だった。一一歳の時に祖父のカール五世に初めて会った時、カールが常に持ち歩いているストーブを、しつこくカルロスが欲しがったもんだからカールがブチ切れて、

カール五世

私が死んだら持っていけ!

と言い放ち、その後は二度とカルロスに会おうとしなかったという。

ストーブぐらい孫にあげたらいいのに。

この頃のストーブは貴重品だったし、カールの持病である痛風をやわらげるために欠かせなかったんだよ。また、カルロスについてヴェネツィア大使がこう記録している。

大使

頭は異常に大きく、支えている身体とバランスが取れていない。体格が弱いし、性格は**凶暴**。

凶暴!?

大使

女性をすぐ好きになり、ファナ王女（フェリペの妹）の首飾りなどをこっそり持ち出して**女性に与える**。

勝手に与えるなよ。

大使

おしゃれでいつも豪華な衣服を着て、プライドが高く、激怒しやすい。頑固で手に追えない。

どんだけ書くねん。でもまぁプライド高いとかは、王子という立場に生まれたら仕方ない気もするわね。

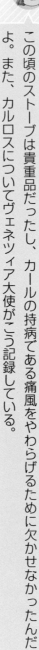

大使：野ウサギを捕まえて、**生きたまま焼いた**と聞いた。

カルロスこの野郎――――!!

ウサギにそんなことする奴は**処刑だ処刑――!!!**

……ふう、どこ行きやがった。

逃げ足は速い奴だ。

許せないわね、ウサギちゃんを**ストーブで焼くなんて。**

ストーブもらってんのかよ!

カールが死んだからもらったでしょ。

フェリペは病弱な問題児に少しでも良い教育を施そうと、カルロスが当時の成人年齢である一五歳を超えるとアルカラ大学で学ばせた。同年代の人と一緒に学ばせたほうがよい影響があるだろうと思い、フェリペの異母弟フアンと、甥の**アレハンドロ**も一緒に入学させたよ。

アレハンドロ。1545～。カール五世が若い時に作った庶子マルゲリータと、二番目の夫との間にできた息子。ドン・カルロスと同い年。

あ、ちょっとカールに似てる！

カルロスとファンは大学の大司教館に暮らし、アレハンドロは他の王族の館にそれぞれ住みながら学んだという。しかし、カルロスは勉強が好きではなかった。ファンも勉強はイマイチだったけど体を動かす訓練には積極的で、アレハンドロは学問も軍事的訓練もどちらも優秀。そんな中、**事件**は起きる。

事件!?

カルロスが**階段から落ちて、怪我をしてしまったん**で、フェリペの宮廷は大騒ぎした。

大丈夫かー！　そりゃ、大事な王子だもんね！

フェリペ二世

なんてバカなことを!!

心配しろよ！　カルロスは病弱だから、フラついて階段から落ちちゃったのよ。

いや、カルロスは好きな女の子を**こっそり尾行してたら、階段を踏み外した**だけだ。

ほんとにバカだったー！　めちゃくちゃバカだったー！

カルロスの怪我は思いのほかひどくて、頭を打って生死の境をさまようほどだった。フェリペもカルロスのもとに駆けつけ、一命を取り留めたとわかるとスペインに戻った。その後も毎日カルロスの様子を使者に報告させたという。

やっぱり息子のことが大事なのね。

そうして幸いにもカルロスは回復した。

よかった！

頭に傷を負ったカルロスは、そのせいか**頑固さと凶暴さが悪化**していく。一九歳になった頃のカルロスは宮廷に戻ってきていたのだけど、ボヘミア大使がその頃のカルロスについてこう手紙に書いている。

大使　王子はとても顔色が悪い。片方の肩はもう片方の肩より高い位置にあり、右足は左足より短く、ひきずって歩く。髪は赤く直毛。胸はへこみ、背中にこぶがある。事柄によっては理解を示してよく知っているが、別の事柄には**七歳児レベル**。バカな質問を続ける。興味があるのは**食べることだけ**。

どんだけ悪口書いた手紙やねん。

大使　節制なく食べ続け、それが原因でいろんな病気にかかる。**長生きできないと考える。**

ちょっとはオブラートに包め！

女性に興味があるかどうかはわからない。

興味はあるのよ、女の子を尾行していたのよ。

皆、王子は子供が作れないと考えている。

また、ヴェネツィア大使はこう手紙に書いている。

王子は背が低く、**醜くて感じが悪い。**

みんな好き放題書きすぎやろ！

飽き性のカルロスは宮廷での仕事をほっぽり出して、毎晩のようにマドリッドに繰り出した。そこで、とんでもない**悪行**を繰り広げるんだ。

またかよ。

まず、**女性を尾行する。**

まだやってんのかい！

時には尾行に飽き足らず、女性に罵声を浴びせたり乱暴することもあった。喧嘩っ早くて、気に入らない人を仲間と一緒にぶちのめす。**臣下を窓から放り投げる。靴職人の作った半長靴が気に入らないからとその靴を食べさせる**……。

おい怖すぎるって！

通りを歩いていたら建物の二階の窓から水が降ってきて、服が濡れたと激怒したカルロスはその建物に**火をつけて燃やした**という。フェリペはその都度、謝罪して補償金を払っていたよ。

父ちゃん大変ね。ていうか臣下を窓から投げて、靴職人に半長靴を食べさせる**オペラを誰が見るねん**。

「ドン・カルロ」はそんなんじゃない、**どんなオペラだ！** エリザベートとの悲恋を描いた架空の物語さ。

ドン・カルロスの反抗

カルロスにはネーデルラントを統治することが約束されていたし、いとこのアナとも結婚話があったが、どちらも話が進まなかったんだ。これはカルロスの悪行や病弱なことが原因にあると思われる。話が進まないこともあり、次第にカルロスはフェリペに**恨み**を持つようになる。

フェリペはお前のせいで謝罪して、補償金を払いまくってるのに！

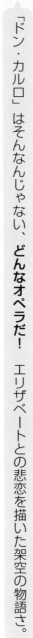

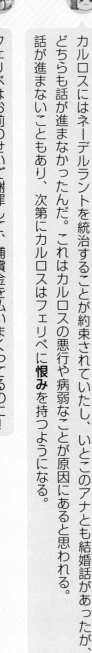

カルロスはフェリペに反抗し……。

ごくり。

『ドン・フェリペ二世の大旅行』という**本を自作した。**

どんな反抗の仕方なん！

延々と旅行する話なんだけど、これはフェリペが宮廷で単調な生活を送っていることに対する皮肉だという。で、本を書くだけの反抗ならよかったんだけど、やがてカルロスは勝手にネーデルラントを統治する計画を立て、銀行からお金を借りたり大貴族に声をかけた。ネーデルラントはプロテスタント勢力が増している最中で、カルロスが彼らを扇動し、フェリペに不満を抱く貴族も傘下におさめてしまう危険があったのさ。

カルロスはだいぶ前から危険だけど、さらに危険なことをしようとしてたのね。

着々と準備を進めるカルロスだが、ネーデルラントへ出発前に**聴罪司祭への告白**をした。これは一つの区切りとしてカトリックの国で行われる習慣で、秘めている事柄を司祭に打ち明けるものなんだが……、

ドン・カルロス

私には一人、憎んでいる人がいる。それは**とても身分が高い人**だ。

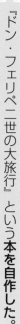

司祭はもちろん驚いた。それは誰なのかと聞くと、それが**国王**であると打ち明けたんだ。

父親のフェリペのことか！

司祭は告白者の守秘義務があるんだけど、国の危機ということで**フェリペにチクった**。

司祭ー!!

このままカルロスを放っておくと取り返しのつかないことになる……と。フェリペは仕方なく彼を**反逆者として自室に閉じ込めた**。そして、カルロスの部屋からは、「友人」と書いたリストと「**敵**」と書いたリストが発見された。友人リストの一番上には「王妃」（エリザベート）と記されており、「敵」の一番上には、「**国王**」と書かれていたのさ。

あちゃーー！　でも、エリザベートちゃんが友人のリストでよかったわね。これが「♡**めっちゃカワイイから尾行しまくりたい女の子リスト**♡♡」だったらフェリペに処刑されてるわよ。

そんなリスト作ってる奴は処刑されろ！

妻子の死

閉じ込められたカルロスは外部との接触を一切禁止され、常に監視された。エリザベートや、母親代わりだった叔母のファナ（フェリペの妹）に会いたいと泣いて頼んでも聞き入れられることはなかった。心を病んで死期を早めたのか、**閉じ込められてから半年後、カルロスは二三歳の若さでこの世を去った。**

悲しいわねー。

カルロスの死から三か月後、フェリペの妻エリザベートは女児を五か月で早産してしまうと、それがもとで彼女自身も命を落としてしまう。まだ二三歳だったよ。

エリザベートちゃんがあああ!!

彼女は病弱で、結婚後は流産や早産を繰り返していた。それでもイサベルとカタリーナという二人の娘を遺している。カルロスが友人リストの一番上に書いていたことからもわかるようにエリザベートはカルロスに優しく、愛情を持って接していた。義理の息子からも宮廷人からも、国民からも愛された王妃だったのさ。

素晴らしい王妃様だったのね……。

四度目の結婚

息子と妻を相次いで亡くしフェリペは悲しみに暮れた。四一歳、当時としては再婚を考えなくてもいい年齢だがフェリペにはもう跡継ぎがいないんで、また結婚して息子を作る必要があった彼が再婚相手に選んだのは、**姪のアナ**だった。

姪!?

かつて二歳のアナに、**ヒゲ面で頬ずり**していただろ。

あの子かよ!

アナの母親はフェリペの妹マリア。マリアは一五人も子供を産んでいるから、アナも多産であることを期待したんだ。

二歳の子に多産を求めるフェリペ**逮捕されろ**。

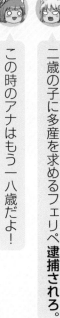

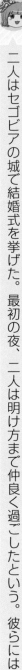

この時のアナはもう一八歳だよ!

どっちにしろ若いわ! **フェリペ四十代やんか!** かなりの近親婚だし大丈夫なのか。

二人はセゴビアの城で結婚式を挙げた。最初の夜、二人は明け方まで仲良く過ごしたという。彼らには最初から血のつながりがあるがゆえの親近感があったのさ。アナは地味なタイプで堅実、刺繍や縫い物が得意だったという。エリザベートが遺した幼い王女イサベルとカタリーナに対しても優しい母になった。

いい奥さんをもらったのね。

一緒に仕事をすることもあり、フェリペが書き散らかした書類に、アナが**砂をまいていた**という。

どういう仕事!?

書類のインクが乾くのに時間がかかるから、砂にインクを吸収させて早く乾くようにするのさ。

私も書類に**猫砂**をまいておくわ。

お前のトイレの砂をまくんじゃない！　フェリペは日課として一日に**三回**アナの部屋に行ったという。

三回も行くなら**一回目でもう出てこなくていい**のでは。

アナは期待通りの多産だった。次々と**五人**の子供に恵まれる。

多いな。

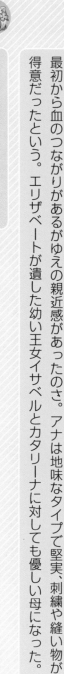

アナと結婚してからフェリペは絶好調だった。結婚した翌年、一五七一年にはオスマン帝国との「レパントの海戦」で勝利し、地中海からイスラム勢力を撤退させた。そしてフェリペの最初の妻マリア・マヌエラがポルトガルの王女だったことから、一五八〇年にポルトガル王家を継いだ。傘下や植民地を合わせると、二四時間常に領土のどこかで太陽が昇っていたことからスペインは「**日の沈まぬ帝国**」と呼ばれ、フェリペの治世は、スペインの**黄金時代**と言われるよ。

すごいわねー。

しかし、アナは最後の子供であるマリアを出産すると体調を崩した。そしてフェリペがウイルス性の病にかかるとアナにもうつってしまい……。**アナは、三一歳でこの世を去った。**

アナちゃーーーん！　またフェリペの奥さんが亡くなってしまったー！

彼女はフェリペにたくさんの子供を遺してくれたが、近親婚の影響なのか、結局成人したのは**フェリペと同名の三男だけ**だった。アナが亡くなった時、フェリペは五三歳。さすがにもう再婚はしなかったよ。

平松のワンポイント

【レパントの海戦】

海戦には『ドン＝キホーテ』を著したセルバンテスがスペイン側の兵士として参加していました。彼はこの戦いで左手を負傷してしまいますが、これは「右手の名誉をあげるため」に負傷したのだと負傷を後々まで誇りにしていたそうです。敗北したオスマン帝国が撤退していたのは数年で、1574年にはチュニスを回復し、地中海の制海権を復活させます。

黄金時代の王

スペインの黄金時代だったが、一五八八年にイングランドと、スペインの無敵艦隊が衝突したアルマダの海戦では敗北、徐々に衰退へと向かうことになる。晩年は父親のカールと同じく痛風に苦しんだが、医者から何度も余命宣告されながら持ちこたえた七〇歳の年の秋、サボイ家のカルロ・エマヌエレ一世に嫁いでいた**次女のカタリーナが三一歳の若さで亡くなった。**フェリペはあまりに大きなショックを受けたが、それでも彼は**関節炎で震える手で書類を書き続け、政治を行っていた**という。

うぅ、つらいわねー。

慎重王と言われるほど慎重で、常に書類に埋もれていたから書類王という異名までもついた彼は、誰よりも長生きし、愛する人の死に何度も直面しながら七一歳でその生涯を閉じた。

フェリペ二世

王でも大貴族でもなく、貧しくてもいいから一介の騎士として気楽に生きたかった。

そう言葉を残している。

王としての重圧に、ずっと耐えていたのかもしれないわね。そんな中で七一歳まで

平松のワンポイント

【スペイン無敵艦隊】

スペインがエリザベス一世率いるイングランドへの直接攻撃を企図して送り込んだ大艦隊は無敵艦隊《アルマダ》と呼ばれ、この戦いはアルマダ海戦と呼ばれます。しかし、イギリス人として初めて世界周航をしたドレークらが率いる英国艦隊に惨敗しました。サッカースペイン代表が無敵艦隊と呼ばれているのも有名ですね。なので良いところで負けてしまうのですが……。

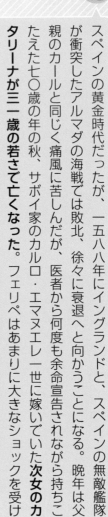

頑張って、お疲れさまフェリペ……。**天国で四人の奥さんと一緒に過ごしてね。**

すごく気まずそうだな！

三代目

フェリペが亡くなり次の世代に移るわけだが、フェリペは跡継ぎについてこんな言葉を残している。

フェリペ二世

神は私にいくつもの王国を残してくれたが、**それらを統治できる能力を持った世継ぎを残してはくれなかった。**

世継ぎが聞いたらショックすぎるわね。

同名の息子、フェリペが**フェリペ三世**として即位した。では、彼の顔を見てみよう。

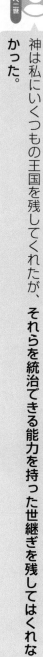

フェリペ三世。1578～。美脚。

これが**統治能力のない世継ぎかぁ**。

やめなさい。ちなみに彼はこの時まだ二〇歳だ。

若いわね。**若干アゴ**だけどお父さんに似て顔立ちが整ってる感じだわ。

両親がおじと姪の関係でかなりの近親婚だけど、アゴに影響はそこまで出てないよね。美形はアゴに勝つのか。そんなフェリペ三世が結婚したのが、**マルガレーテ**だ。

なぜ奥さんのほうがハプスブルク感あるん!?

ハプスブルク感て何だよ。マルガレーテは親戚筋の**オーストリア・ハプスブルク家**の王女で、フェリペ三世の母方で見るといとこ違い（祖父の弟の娘）、父方で見ると**はとこ**。

ややこしいけど、そこそこな近親婚ってことはわかるわ。

フェリペ三世は政治は寵臣のレルマ公爵に任せ、自分は**狩**

マルガレーテ・フォン・エスターライヒ。1584～。
フェリペ三世の妻。

猟とカード遊びに熱中していた。

ほんまに統治能力ないんかい。

ついた異名は「**怠惰王**」。

異名に容赦がない！

マルガレーテは怠惰な夫をなんとかしようと、マドリードにあるエンカルナシオン修道院長の助けを借りたりしたけど**意味はなかった**という。しかし彼は浮気はせず、**七人**の子供に恵まれる。

多いな。

長男はまた同名のフェリペで、この長男は**一〇歳**の時に**イサベル**という美しい少女と結婚している。

若っ！

このイサベルは義父のフェリペ三世を第二の父として慕っていたという。フェリペ三世もイサベルに対していつも優しく、心遣いを忘れなかった。

すごく善良な人だったのね。もう善良王でいいやん。

フェリペ三世の妻マルガレーテは、七番目の子供を出産時に命を落とした。まだ二七歳だったよ。

悲しいわねー。

この時フェリペ三世は三三歳。四回も結婚した父親のフェリペ二世とは対照的に、もう再婚はしなかった。息子が三人も健在だったのもあるが、ヨーロッパの王侯は次々とプロテスタントに改宗していたからカトリックのハプスブルク家とは結婚できないし、小国の王家は釣り合わないからダメで、条件ぴったりのフランス王家とは対立しており、残るはもうオーストリア・ハプスブルク家ぐらいだった。

知名度低い王の最期

ハプスブルク家の宮廷のしきたりはとても厳格だ。ある日、フェリペ三世が火鉢にあたっていたところ**有毒な空気が発生**して倒れた。しかし、役割が厳格に決まっている宮廷人たちは「王を助ける」という特別なことができず**死にかけてしまった。**

厳格すぎて死にかけたやん。

このエピソードが誇張されて、フェリペ三世は**火鉢で死んだ**という話がある。が、本当は火鉢の時は助かっていたよ。

よかった、**火鉢死**じゃなかったのね。

実際の死因は**丹毒**だった。丹毒とは皮膚から球菌に感染して高熱などに侵される病だよ。丹毒に倒れたフェリペ三世は最後の別れを告げようと義理の娘であるイサベルを呼び出したが、その時イサベルは悲しい状況の義父を前にして気を失ってしまったという。イサベルが自分の寝室で意識を取り戻した時、**既にフェリペ三世は亡くなっていた。**その死を聞かされたイサベルは涙したのさ。

第二のお父さんとして慕っていたものね……。

フェリペ三世は怠惰王と呼ばれ、政治を任せたレルマ公爵もまた適任ではなく、私腹を肥やして国の経済状況は悪化の一途を辿る。おそらくスペイン・ハプスブルク家の中でもダントツで知名度が低くエピソードも少ない王だ。彼は亡くなる時、自身の無益な人生を後悔していたという。だが、フェリペ三世は家族を裏切ることなく愛された人であり、惜しまれながら四二歳でその生涯を閉じる。

天国でマルガレーテちゃんとゆっくり**ポ〇モンカードバトルしてね。**

そういうカード遊びが好きだったのかよ。

四代目

フェリペ三世が亡くなったので、同名の長男が**フェリペ四世**として即位した。ではさっそく、フェリペ四世のアゴを見てみよう。

血が濃いとはいえお父さんもお爺ちゃんもイケメンだったから期待しちゃうわー。

……しゃくれとるやないか――――!

彼はしゃくれたんじゃない。**顔を限界まで伸ばしただけだ。**

伸ばしたからしゃくれたのよ!

フェリペ四世の場合、お父さんよりもお母さんが**ちょっとアゴ長め**という新しいパターンだったね。

そうだった。

フェリペ四世は即位した時、**一六歳**と若かった。彼が見ていた父親の姿は、寵臣に政治をまかせて狩猟とカードバトルに興じている姿だったわけで。当然フェリペ四世も同じように寵臣に任せて狩猟や**女遊**

フェリペ四世。1605～。顔を伸ばしながらも芸術のパトロンとして活躍。

びに明け暮れた。

女遊び!?

ついた異名は「**無能王**」。

直球！

そんな彼だけど、特に絵画に対しての審美眼があり芸術面で高く評価されているよ。スペイン・ハプスブルク家は芸術好きの人が多いんだけど、最も芸術に力を入れたのがフェリペ四世と祖父のフェリペ二世だったんだ。二人が集めた芸術品コレクションは主にスペインのプラド美術館の基礎になっているよ。

芸術に貢献していたのね。

肖像画はフェリペ四世が最も重用した宮廷画家、**ベラスケス**が描いたものだ。フェリペ四世は金に糸目をつけずに有名な絵画を集め、ミケランジェロの絵画に**五〇〇〇ドブロン**を払ったこともある。

そんな**ドブみたいな通貨**で払われても困るわ。

ドブみたいな通貨とはなんだ。妻のイサベルと結婚した時、フェリペ四世は**一〇歳**、イサベルは**一二歳**。

若いな！

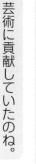

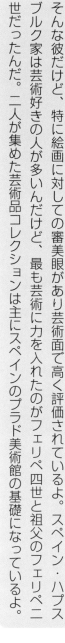

若すぎるからイサベルが一七歳までは別々に暮らしていたみたいだけどね。イサベルは歴代の王妃の中でも**特に美人**だったという。

せっかく美人なのに残念ね……**夫の顔がドブロン**で。

やめなさい。意味もわからないし。イサベルは教養もあり、明るくで周囲を和ませ夫にも従順だった。

フェリペ四世の弟たち

フェリペには二人の弟がいる。一つ年下の弟は**カルロス**だ。

カルロス・デ・アウストリア 。1607～。
ドブロン（フェリペ四世）の弟。

アゴにハプスブルク感あるけどカッコいい。

欲望の赴くままに好き勝手しすぎて健康を害し、腸チフスでこの世を去った。二四歳だったよ。

欲望に溺れすぎて亡くなってしまったやん。

二番目の弟で、フェリペより四歳下の**フェルナンド**もいる。この人もイケメンで活動的、トレド大司教になっている。

聖職者なのね、それならきっと真面目だわ。

恋愛を重ねて相手を妊娠させ、生まれた子供が修道院に幽閉されたケースもあったという。

なんで兄弟そろって自制心ゼロやねん！ 幽閉された子がかわいそう！

フェルナンドは三二歳の時に病死しているのだけど、フェリペ四世の寵臣オリバーレス伯爵と仲が悪かったんで毒殺されたという噂もある。

フェリペ四世の生活

フェリペ四世はアゴだけ見ると近親婚の弊害が強いようにも見えるが、健康面での影響は少なかった。なんせ彼は運動神経が抜群で狩りの名手で、危険な動物であろうと無害な動物であろうと追いかけまわし、とても器用に手際よく捕らえたという。

私たちとしては**動物に危害を加えるのは許せないわね。**

まったくだ。彼は鉄砲の名手でもあり、槍投げも人並み以上。特に猪狩りに熱心で食事も忘れて一日中森を走り回るから、連れている**馬のほうが先にへばってしまった**という。

動物には迷惑すぎる人ね。

そんな彼だから恋愛においても元気すぎて、最初の頃は妻に夢中だったが、やがて女遊びに明け暮れるようになる。愛人たちとの間に生涯で**四〇人**もの庶子を作ったといわれるよ。

作りすぎ！

フェリペが二十代前半の時、女優のマリア・イネス・カルデロン、通称ラ・カルデローナとの間に生まれた**フアン・ホセ・デ・アウストリア**は王子として認められた唯一の庶子だ。

イケメンだわ。

ラ・カルデローナはフェリペとの関係を二年間続けたのちに後悔し、修道院に入ったという。

そりゃ**フェリペみたいな顔と関係持ったら**後悔するわよね。

顔の問題じゃない。**なんで二年も経ってから顔で後悔するんだ**、見慣れないのかよ。彼女自身も夫

フアン・ホセ・デ・アウストリア。1629～。庶子でありながら王子として認められたが、王位継承権は与えられなかったイケメン。

がいて、国王と愛人関係の中で子供まで生んだことを悔やんだといわれる。ちなみにファン以外の庶子たちは王子や王女とは認められないまでも、聖職者になったり政界で活躍したり、それなりの待遇を受けていたようだ。女遊びしてばかりのフェリペだから理性もモラルもなさそうだけど、公的な仕事とプライベートはちゃんと分けていて外面はよく、妻のイサベルのことも愛情深く接したという。ちゃんと王妃として敬っていたのでイサベルも公的な場で威厳を保っていたよ。

表向きはちゃんとしていたのね。

フェリペとイサベルの間には**八人**もの子供が生まれるんだけど、ほとんどは生まれてすぐに亡くなってしまい、残ったのは**マリア・テレサ**と**バルタサール・カルロス**だけだった。

つらいわねー。

だがイサベルは病に倒れた。彼女が慕っていた義父フェリペ三世と同じく丹毒の症状が現れ、呼吸器がやられたという。治療のしようもなく、四〇歳で息を引き取った。

イサベルちゃ――――ん!!

夫のフェリペは愕然とし、これまで浮気ばかりで迷惑をかけた妻の亡骸を見るのが心苦しかったのか、エル・パルド宮に**引きこもってしまった**。

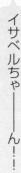

いやしっかりせぇよ！

王妃の死に宮廷中が悲しみに包まれ、マドリードの人々も悲しみに暮れたという。

みんなに愛された王妃様だったのね。

フェリペは修道院長ソル・マリアへの手紙でこのように書いている。

フェリペ四世

一人の人間を失うだけでこの世のすべてを失ったかのようです。耐えがたい悲しみに身も心も打ちひしがれてしまいました。

浮気ばかりだったけど、ちゃんとイサベルちゃんを愛していたのね。

しかし、いつの間にか**女遊びを再開**。

イサベルちゃーん、**早く迎えに来てー！**

フェリペを**天国に連れて行かせようとすな！**

再婚

フェリペはもう結婚はしないと決めていた。

愛する妻はイサベルちゃんだけってことね。

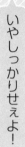

理由はまず、**情欲を満たす相手には困らなかった**から。

最低か。

そして、もう世継ぎとしてバルタサール・カルロス王子がいる。王子は**いとこのマリアナ**と縁談話が成立していた。また近親婚であり、さすがに尋常じゃないと誰もが思うところだが**フェリペは気にしなかった**という。

気にしろ。

王子は病弱ながら狩りや乗馬好きだった。これだけなら普通の男の子だが、彼には**変わった趣味**があった。

まぁフェリペ四世の子だから変わっててもおかしくないわ、ちょっとやそっとじゃ驚かないわよ。

猫の去勢だ。

ふざけんなああああ！！！

彼の趣味を皮肉った詩が人々の間で出回ったという。その一部はこうだ。

詩

大勢の愚か者が陰口をたたく。殿下は国王になっても猫を去勢するだろうと。猫をみな去勢し、**去勢する猫がいなくなるのが心配だ。**

どんだけ去勢するんや！！！

たしかに許せないよな。

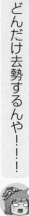

致死率の高い毒持ってる？

持ってるわけねぇだろ！ 毒で王子を抹殺しようとするんじゃない！ ……だが王子は国王になる前に、天然痘にかかって一六歳で命を落とす。**みるくも私も嬉しい**が、立て続けに妻子を失って落ち込むフェリペはもう四十代。当時としては平均寿命を超えていたが、また世継ぎを作るには再婚が必要だった。困ったフェリペはバルタサールと縁談のあった**姪のマリアナ**と結婚。

姪!! めっちゃ近親婚やん！

しかも、**マリアナの両親もいとこ同士で結婚**している。この時フェリペ四四歳、マリアナは**一三歳**。

おまわりさんこいつです！

国王を逮捕させようとするな。

マリアナの憂鬱

マリアナはもともと明るくてユーモアのある女性だった。だが嫁いできてからは厳しい宮廷のしきたりの中で、徐々に引っ込み思案になっていったという。

一番の原因は夫のフェリペでしょ。

マリアナ・デ・アウストリア。1634～。フェリペ四世の二番目の妻。仏頂面な肖像画が多い。

たしかに、フェリペも最初は若いマリアナに大満足していたが**女癖が直ることはなかった**。そんなフェリペにマリアナも冷めていったが、世継ぎを作ることは必要だった。最初の頃はまだマリアナが若すぎるので時期尚早と思っていたようだが、結婚から**二年後には一人目が生まれている**。

ぎゃー！

フェリペとマリアナの子は、もはや近親婚の連続で**限界といえる血の濃さ**だ。

そうよね、心配すぎるわ！

それが、**マルガリータ**だ。ベラスケスが描いた彼女の絵「ラス＝メニーナス」は有名だよ。世継ぎとなる王子ではないから人々は落胆してしまったが、かわいいよね。

こんなかわいい子が生まれるとは！

この絵はベラスケスの最高傑作ともいわ

ラス＝メニーナス。中央がマルガリータ。1651～。

平松のワンポイント

【ベラスケス】

ベラスケスはスペインの宮廷画家で、「バロック美術」の代表的な作家です。ドラクロワやモネなどにも強い影響を及ぼしました。「ラス＝メニーナス（宮廷の侍女たち・女官たち）」が代表作で集団肖像画の最高傑作といわれます。中央の鏡に映り込んでいるのはフェリペ四世夫妻です。また、左奥にいる男性はベラスケス本人です。

れているよ。

待望の男児

マルガリータの後にも子供が三人生まれたけれど、すぐに亡くなってしまう。

近親婚の影響かと思うとつらいわね……。

子供が亡くなるのは自身の罪深い行いが原因だと思ったフェリペは悔いた。そして己の弱さを改めようとしていたのさ。

今頃かよ。

もう男の子は諦めて**マルガリータを女王にしよう**という話が持ち上がる。前妻の子マリア・テレサはルイ一四世との結婚が決まっていたので、残るはマルガリータだけだったんだ。

うんうん、それがいい！

ところがマルガリータが一〇歳になった頃に奇跡が起こり、**男児が生まれたのさ**。それがカルロス、のちの**カルロス二世**だ。この名前はカール五世のスペイン名からきていて、ハプスブルク家の最盛期を築

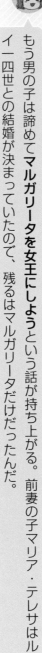

いたカールの名前を取ったことからもカルロスへの期待がすごかったことがうかがえるよね。

やっと生まれた世継ぎだものね。マルガリータちゃんもかわいいし、カルロスにも期待しちゃうわー。

カルロス二世。1661 〜。虚弱な体質で心配。

検査入院した方がいいわよ。

何を勧めてるんだ。

痩せてるし、**不安**な気持ちになるわ。大丈夫なの？

カルロスを見たフランス大使の記録によると、彼は体が弱く、両頬にヘルペス性の発疹、頭はかさぶたで覆われ、首が化膿していた。明らかに不健康で、フェリペは赤ちゃんのカルロスを人に見せないように命令までしていた。宮廷のしきたりで公開する時には、片目と眉毛の一部だけ出した状態で、あとは全身を隠してお披露目されたんだ。この時の様子が人々の間で話題になり、**詩ができている。**

すぐ詩ができるわね。

詩

脆弱な体質、締まりのない足。（中略）独りでは立ち上がれない。

芸術王の最期

王妃のマリアナはやがて、カルロスの不健康な様子と**フェリペの女癖**でストレスを溜め、食べることで発散するようになっていったという。

フェリペの女癖直ってないんかい！ **まったく悔い改めてないやん！**

結局、女癖は**生涯直らなかった**ようだ。だが晩年のフェリペは自身の行いと、日の沈まぬ帝国だったスペインを落ちぶれさせたことに対する罪悪感に苦しんでいた。スペインは一六四八年のウェストファリア条約でオランダの独立を承認、五九年にはフランスとのピレネー平和条約でルクセンブルクなど多くの領土を失い、ヨーロッパの覇権はすっかり失っていた。右腕と右足のリウマチに悩まされ、腎疝痛が慢性化。ほかにも胆石の痛みや、**痔**にも悩んでいた。

痔ーやったんか。おじいちゃんのフェリペ二世譲りね。

肛門や尿道から断続的に出血していたという。

女遊びしすぎた人が下半身を中心に病んでるのは、なんとも言えないものがあるわ。

フェリペは亡くなる数日前に息子のカルロスを寝室に呼び、最後の別れを告げようと片手をあげ、声をかけた。居合わせた人々にはあまり聞き取れなかったが、一言だけはハッキリと聞こえたという。

フェリペ四世
息子よ、神の御慈悲により私よりも幸せになるように……。

子供の幸せを願っていたのね、父親らしいところあるやん……。

そうして一六六五年、フェリペ四世はこの世を去った。赤痢だったといわれる。

悲しいわねー。

確実に性病だったともいわれる。

性病が確実視される王ってイヤやな。

フェリペは女癖が病気レベルで政治には無関心だったが、芸術を見る目は確かだった。ルーベンスなどの絵画をコレクションし、文芸のパトロン、偉大な庇護者だったのさ。スペインの黄金時代を築いたのはフェリペ二世だったが、**スペイン文化の黄金時代を築いたのは間違いなくフェリペ四世、その人だよ。**

そっか、彼はただのドブロンじゃない。**芸術のドブロン**だったのね。

どっちにしてもドブロンじゃねぇか。

奇跡の人

フェリペ四世が亡くなり、不健康な世継ぎであるカルロスが即位。**カルロス二世**となった。

大丈夫かしら。

彼は待望の男児だったからとても喜ばれ、**奇跡の人**と呼ばれたという。

奇跡の人！

だが、さっきも言ったがカルロスは病弱だった。彼が生まれた時の、人々の感想を聞いてみよう。

当時の人々

一か月生きられたらいい方。

運良く生きられても、長生きできないだろう。

ちょっとは気を遣って発言して！

数か月の命と言われたが、彼は生き延びた。だが虚弱体質のため動きは鈍く何をしても不器用だった。フィリップ美公の時に 0.025 だった近交係数はカルロスの時には **0.254** まで上がっていたんだ。これは兄妹や親子で結婚した時にできた子供よりも高い数値になる。

も、ものすごい血の濃さなのね……。

そんなカルロスは父親のフェリペ四世の死により、わずか**四歳**で王になった。

幼稚園児やん。

父の遺言により、カルロスが一四歳になるまでは母親のマリアナが摂政として代わりに政治を行うことになった。カルロスは六歳頃まで歩けず、大人になってもまっすぐに立つことはできなかったという。四歳まで母乳だけで育ち、言葉を話したのも四歳になってからで、舌が肥大しており生涯を通して話すのは困難を伴った。とても頭が大きく、知的な遅れもあった。奇跡の子と呼ばれたカルロスは、やがてスペイン語で「El Hechizado」、英語だと「The Bewitched」。訳すと「魔法にかけられた」とか「**呪われている**」といわれるようになる。

呪いとはひどいな。

当時は何でも魔法や魔術、悪霊のせいにされたからね。知的にはそこまで深刻ではなかったが、てんかんや高熱の発作を起こし、高熱にはよく血尿を伴い、六歳で気管支と歯の感染症、はしか、水疱瘡にもかかった。

六歳なのにつらいわねー。

一〇歳で風疹、一一歳で**天然痘**。

かかりすぎじゃない!?

四歳まで母乳だけだったのも、食事の変化で体に負担がかかるのを心配されたからだったりする。ガラス細工のように弱く繊細なカルロスは、勉強によって体にストレスがかかるのも心配され、教育も最小限だった。歯が噛み合わないので食事は丸飲み。好きな食べ物は**チョコレート**。

かわいいな！

当時のチョコは液体だから噛む必要がなく食べやすかったのだろう。十代に成長したカルロスを見た人たちの証言がこれだ。

当時の人々

王を見た人はみんな**不安**になった。

やっぱりか。

当時の人々

片足をひきずって歩いていた。

常時よだれをたらしていた。

舌が大きいのでよだれがたれていたんだ。

当時の人々

精神を病んでる。

知能が低い。

王様にどんだけ言うねん！

カルロスは一四歳になると王として自ら政治を行える予定であり、彼もそれを望んだ。そのために母親違いの兄、ファンの助けを得ようと宮廷に呼び寄せた。

ファンってフェリペ四世が若い時に作った庶子よね。自分で政治をしようとしたり、お兄さんを呼んだり、しっかりしてるわ。

だがファンはカルロスの母マリアナと政治的対立をしていたので、カルロスの親政は二年先送りにされ、ファンも宮廷から遠ざけられた。しかし、一六七七年にはファンが首相としてカルロスとともに政治を行うことになり、**マリアナは追放された。**

お母さーん！

ファンはカルロスの教育にも熱心で、彼を支え続けたという。

ほんとに仲がよかったのねー。

だがファンは一六七九年、胆嚢炎により亡くなった。五〇歳だったよ。

悲しいわねー。

ファンの死によって母親のマリアナが宮廷に復帰した。

カルロス二世妃マリア・ルイサ

ファンは亡くなる前、カルロスのために結婚話をまとめていた。

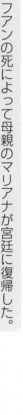

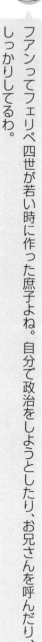

最後までカルロスのことを気にかけてたのね……。

結婚相手はフランスのルイ一四世の姪**マリア・ルイサ**だ。この時カルロス二世は一八歳、マリアは一七歳。
マリアに会う前、

カルロス二世

私の女王！　私の女王おおお！

と、**興奮した様子**だったという。

カルロスって基本かわいいのよね。

マリアのほうではフランス大使がこう報告していた。

大使

スペイン王（カルロス）は病気に見えるし、**恐怖を引き起こすほど醜い。**

言い方！

そういう報告をしたので**マリアは不安でしょうがなかった**という。

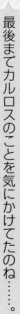

でしょうね！　どんな報告しとんねん！

カルロスは脚が弱く、体重を支えきれずに転ぶことが多かったため結婚式はカルロスの代理人とマリアで行われ、マリアはその美しさがもてはやされたよ。カルロスもまた実物のマリアのこともすっかり気に入った。一晩をともに過ごした二人だが、**目的は達成されなかった。**カルロスは性的欲求こそあったようだが、不妊で性的にも不能だったのさ。

最愛の人の死

結婚の翌年にカルロスは画家のカレーニョ・デ・ミランダに宮廷人の絵を依頼したり、わりと普通の生活を営んでいたことが伺える。一方、子供がいないのは女性のせいにされた時代なのでマリアは周囲から責められた。当時は医学も発達していないから、マリアは「**ワインに浸したパンのスライスをお腹に塗る**」というわけのわからない不妊治療をさせられていたという。

きついわねー。

この頃、カルロスについてポルトガルの外交官が証言を残している。

外交官

背が低く、**顔が醜い**。

なんでみんな言いたい放題やねん。

イギリスから派遣された人によると、

派遣された人

彼は**地獄のアゴ**が非常に目立つ。

地獄のアゴ！

また他にも、

当時の人：彼の体は彼の心と同じぐらい弱い。ときどき彼はある程度の知性、記憶、活気を示します。

やっぱり頭脳はしっかりしてたのね。

当時の人：**しかし今はそうではありません。**

違ったー。

当時の人：普段、彼はゆっくりと無関心な態度を取り、**不器用で怠惰で、愚か**であるように見えます。

王様の性格によっては処刑されてるわね、この人。

しかしカルロスは妻のマリアを**献身的に愛し続けた**という。当時はカトリック教会が科学的なことを迫害していたので、子供ができないことで悩んだカルロスは占星術などを頼った。マリアのほうは子供ができないストレスと不妊治療でうつ状態となり、過食に走って病的なまでに太ってしまい結婚から一〇年後、**虫垂炎で亡くなってしまう**。まだ二六歳だったよ。

うぅ、悲しいわねー。

カルロスはマリアの死を悲しみ、取り乱した。

つらいわー。

このまま子供がいないとスペイン・ハプスブルク家を維持できないんですぐさま**次の花嫁が用意された。**

やめてあげてー！

二番目の妃マリアーナ

マリアが亡くなった翌年、再婚相手は神聖ローマ帝国の諸侯の家系から**マリアーナ・デ・ネオブルゴ。**マリアーナの母親は二四人もの子供を生んでおり、多産の家系ということで選ばれたのさ。マリアーナは気が強く傲慢で、カルロスを愛することはなく罵倒することもあった。カルロスは強い妻に対しどうすることもできず、子供を作るために**処刑された男性の睾丸から作った粉末**を飲んでいたぐらいだ。

そんな粉末がこの世にあるのか。

もともと敬虔なカトリック教徒で迷信深かったカルロスは、エクソシストと呼ばれる悪魔祓いに救いを求めた。呪われているといわれたカルロスは、自らも呪われていると思っていたのさ。そんな彼は精神状態も健康状態も悪化していったが、王として出席しなければならない行事があると、**妻のマリアーナに無理やり連れ出されていた**という。

マリアーナ・デ・ネオブルゴ。1667～。
カルロス二世の二番目の妻。強キャラ。

マリアーナちゃんが強すぎる。

支離滅裂なことしか話せない状態であっても、謁見を求める外国の大使や大臣の前に連れ出された。
もちろん、**マリアーナに引っ張られて。**

手加減してあげてー！

カルロスは**亡き前妻のマリアと過ごした日々を思い出して泣いていた**という。

うぅ、つらいわね……。

ああ。でも、この頃のカルロスは既に……

な、なに!?

ハゲ始めていた。

ハゲてた――――!!

三十代になる頃にはハゲ始めていたそうだ。

なぜハゲ始めた時期を歴史に残した!

顔や足、腹部が浮腫み、まだ三十代になったばかりでも老人のように見えたという。そして**ついに、三五歳になる頃には……。**

ど、どうなったの!?

完全にハゲた。

どんだけハゲ情報を**歴史に刻むねん！　歴史家はヒマか！**

カルロス二世の愛と死

カルロスが三四歳の時、母親のマリアナが亡くなった。六一歳だったよ。

悲しいわねー。

やがて、さらに精神を病んだカルロスは救いを求めて母のマリアナや、異母兄のバルタザール・カルロス、そして前妻のマリアの**墓を開けた**という。

どんな王様なの。

死者に触れることで悪魔を追い払えると信じていたんだ。そしてマリアの亡骸を、

カルロス二世　**私の女王……。**

と、泣きながら抱きしめたという。

どこまでもいつまでも、マリアちゃんのことが好きだったのね……。

そして一七〇〇年一一月一日、**三九歳の誕生日直前、カルロス二世はこの世を去った。**

カルロスううう。

カルロスの遺体には検視が行われた。その結果……。

検視官

王の遺体には一滴の血も含まれていない。心臓はコショウの実の大きさほどしかなく、肺が腐敗し、腸は壊死している。萎縮して石炭のように黒い睾丸が一つ。頭は水で満たされていた。

水頭症を患っていたようだ。なぜ、こんなにも病弱だったのか。二〇〇九年、遺伝学者がその原因を推測し発表した。

ごくり。

一つが、**下垂体ホルモン欠乏症**だ。

下垂体ホルモン？

下垂体は頭蓋骨内にある内分泌器官で、ホルモンにも種類があるので症状はさまざまだがカルロスの場合は遺伝子の突然変異が原因であると推測され、症状としては背が伸びない、周囲に興味がない、筋肉が弱く、不妊、消化器系の問題を抱える傾向があるという。

カルロスの症状にぴったり!

もう一つが**遠位尿細管性アシドーシス**だ。こちらも遺伝子の変異によって起こり、劣性遺伝なのでハプスブルク家のような血縁関係の濃い集団ほど有病率が高いという。腎臓の能力を妨げ、血尿、弱い筋肉、くる病、頭が大きくなることがある。カルロスは、この二つの疾患が併発していたとされる。

二つも……病弱になるはずだわ。

最近はさらに新しい説として**アスパルチルグルコサミン尿症**であった可能性もあるという。こちらも常染色体の劣性遺伝であるため、近親婚が多いと発症しやすい。四角いアゴ、厚い唇、腫れぼったくて離れ気味の目、そして先が丸くて短く、幅の広い鼻……これらはこの尿症の特徴だ。

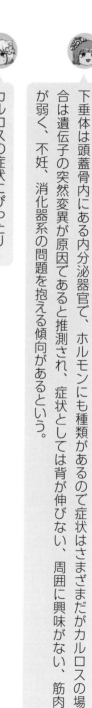

たしかにカルロスに当てはまっている感じだわ。本当に大変だったでしょうね……。

カルロスが子供を残さず亡くなったことで、スペイン・ハプスブルク家は断絶した。それは一二年に及ぶスペイン継承戦争を引き起こすことになる。女王としてスペインを継ぐはずだった姉のマルガリータは、カルロスが生まれたことで**おじのレオポルト一世と、この期に及んで近親婚の闇に巻き込まれる。**
そして立て続けに出産し、六番目の子の出産時に命を落とした。二一歳だったよ。

悲しすぎるわー。

数えきれないほどの病に襲われながらも、カルロスは自らの状況を理解できる知性を持っていた。
自分が呪われていると信じ、占星術師やエクソシストにすがり、子供ができないことにも苦しんだ。
だが、**そんな中でも彼は懸命に生き、人を愛した。きっと最期を迎えたその時まで……。**

必死で生き抜いた、健気な王様だったのね……。

彼が心から愛したマリアはカルロスの外見に恐れをなし、愛することはできなかったともいわれる。
私もそう思っていたのだが……。

え？

実は彼女は亡くなる前、こう言い残していたんだ。

マリア

多くの女性が陛下と一緒にいるかもしれません。でも……**私ほど彼を愛する人はいないでしょう。**

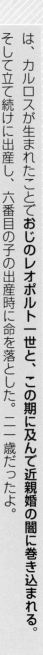

ええええ！　マ、**マリアちゃんもカルロスを愛していたのね！！**

そう、カルロスは世継ぎを残すことも健康な体に恵まれることもなかったが、**マリアの愛は手に入れていた。**数か月も生きられないといわれながら三八歳まで生き延び、最も愛した女性と相思相愛になれた彼は、**確かに奇跡の人だったのだろう。**

彼は呪われてなんかいなかったわ。誰よりも愛した人から、ちゃんと愛されたんだもの……。

断絶

さて、こうしてスペイン・ハプスブルク家は二〇〇年の歴史に幕を閉じた。

忘れないわ、カール五世のすごすぎるアゴ、フェリペ二世のつながった眉、火鉢で死にかけるフェリペ三世、ドブロンなフェリペ四世、カルロス二世の地獄のアゴ。

覚えなくていいところばっかりだな！　だが確かに、私たちは忘れない。日の沈まぬ帝国を築き、他のどんな王家よりも輝いた彼らを。どんな王家よりも**しゃくれちらかった**彼らを……。そして、オーストリア・ハプスブルク家の方は今も続いている。

これからもハプスブルク家に注目していきたいわね！

ハプスブルク家家系図

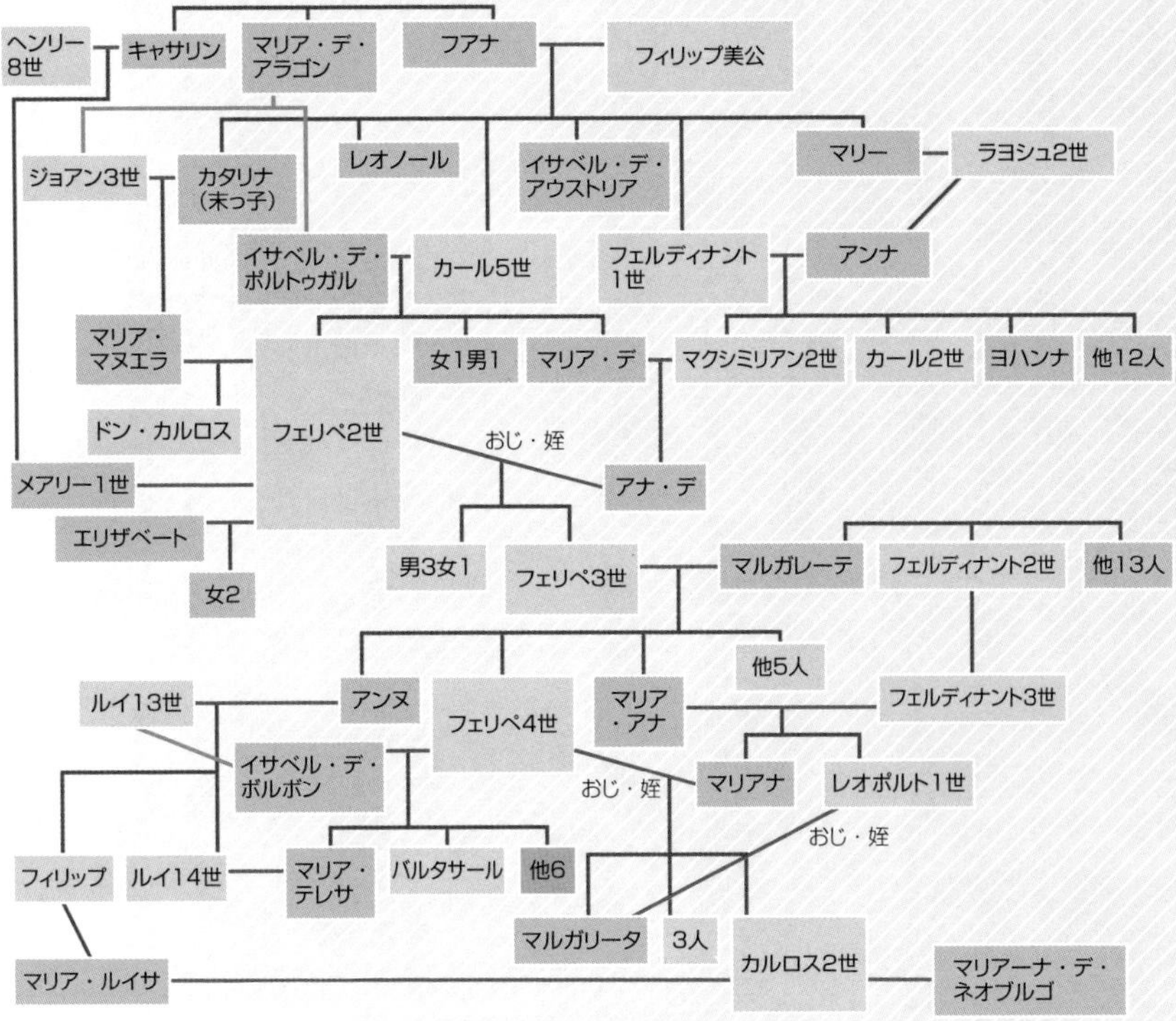

ヘンリー8世
キャサリン
マリア・デ・アラゴン
フアナ
フィリップ美公
ジョアン3世
カタリナ（末っ子）
レオノール
イサベル・デ・アウストリア
マリー
ラヨシュ2世
イサベル・デ・ポルトゥガル
カール5世
フェルディナント1世
アンナ
マリア・マヌエラ
女1男1
マリア・デ
マクシミリアン2世
カール2世
ヨハンナ
他12人
ドン・カルロス
フェリペ2世
おじ・姪
メアリー1世
アナ・デ
エリザベート
女2
男3女1
フェリペ3世
マルガレーテ
フェルディナント2世
他13人
他5人
ルイ13世
アンヌ
フェリペ4世
マリア・アナ
フェルディナント3世
イサベル・デ・ボルボン
おじ・姪
マリアナ
レオポルト1世
おじ・姪
フィリップ
ルイ14世
マリア・テレサ
バルタサール
他6
マルガリータ
3人
カルロス2世
マリア・ルイサ
マリアーナ・デ・ネオブルゴ

第2章

エジプト・ツタンカーメン家

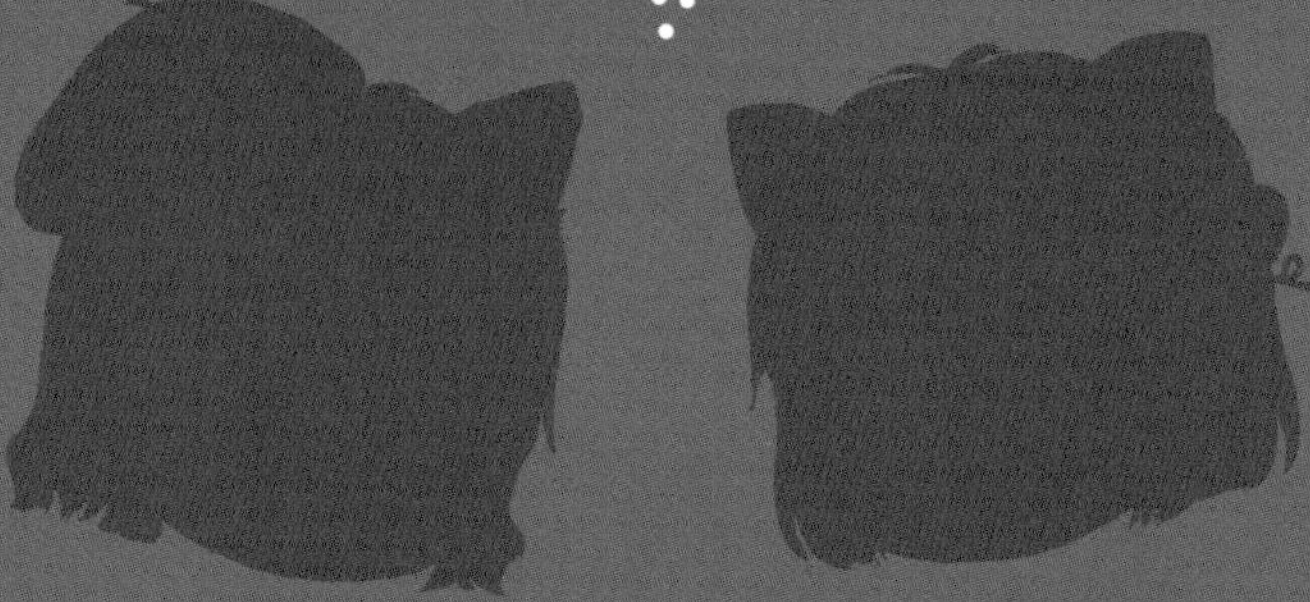

第2章 エジプト・ツタンカーメン家

※主な登場人物は118ページの家系図も見てみよう。

続いては古代エジプト一八王朝に登場する、ツタンカーメンの家系図を追っていこう。

ツタンカーメンかぁ！　有名ね。

古代エジプトの長い歴史の中でも、このあたりの家系図はかなり混沌としている。エジプトの研究は日進月歩であり多くの説が存在するが、その中でも私が気になったものを追っていこう。**はるか昔、彼らが紡いだと思われる物語を。**

楽しみだわー。

まずはこの人から始めよう、**アメンホテプ三世**。**歯槽膿漏のおっさん**だ。

いきなりどんな奴から始めてんねん！

諸説あるが、紀元前一三八八年頃、一二～一五歳でファラオ（王）になったと言われている。

アメンホテプ三世。紀元前1401年頃～。古代エジプト第一八王朝の九代目ファラオ。歯槽膿漏。

ファラオであることより先に歯槽膿漏を紹介すな。

歴史的には影の薄いファラオだが二〇二〇年に彼の時代の古代都市**「アテンの日の出」**が発見されたことで注目されているよ。「アテンの日の出」によって、彼の時代のエジプトは非常に発展した古代都市で豊かで平穏、約三八年という長い治世に恵まれたということがうかがい知れるよ。実際は先祖の遺産をかなり食いつぶしたけど、見た目は最も栄華を極めた。建築事業はエジプト全域に及び、芸術や工芸、ガラス製品や陶器などさまざまな分野でも隆盛を極めたよ。

アメンホテプ三世の王妃ティィ

アメンホテプ三世は王族じゃない女性、**ティィ**と結婚する。ティィは平民出身という異例の王妃とされているが、王族ではないというだけでエジプトの名門家系出身だったという。アメンホテプは結婚の知らせを大きな記念**スカラベ**に刻んだ。

スカラベって何?

フンコロガシだ。古代エジプトでスカラベは太陽神ケプリの化身として崇拝されていた。金などでスカラベの護符や印章が作られ、裏面に王朝の記録を刻んだのさ。

ティィ。紀元前1397頃〜。アメンホテプ三世の王妃。父はイウヤ、母はチュウヤ。兄はアイ。

フンコロガシに歴史を刻まれてもなぁ。

当時はそれでいいんだよ！　ティイの父は**イウヤ**という王の臣下で、「神の父」という立派な称号を持っていたという。おそらく「王の義父」という意味だろう。ティイの母は**チュウヤ**という名で、称号は「**偉大な王の妻の王家の母**」。

長いしややこしいな！　そのうち「**偉大な王の妻の友達の隣人**」とか出てきそう。

ただの他人じゃねぇか。他にもアイという兄もいたよ。そしてアメンホテプ三世とティイの仲は良好だったという。ちなみにアメンホテプとは「アメン神は**満足している**」という意味だ。

何に満足してんねん。

湯加減とかじゃないか。

お風呂入ってるのね。

遊び好きの王

アメンホテプ三世は狩りが好きな遊び好きの王で、余暇を楽しむためテーベ西岸にマルカタ王宮を建造している。他にも建造した後宮「メディネト・グローブ」には、女性を**三〇〇人も抱えてハーレムを作っていた。**

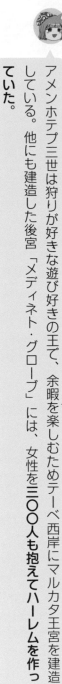

女の子集めすぎやろ！　そんなんでよく夫婦仲がよかったわね。

ティイは毅然とした態度で、王妃として臣民から尊敬される存在であり、彼女の肖像からは目鼻立ちがハッキリした気が強い女性だったことがうかがえる。記録に残っていないだけで、**陰ではアメンホテプをぶん殴ってたかもしれないけど。**

気が強いもんね。ぶん殴った後、

ティイ：**これはフンコロガシに刻むんじゃねぇぞ！**

って脅しとけば**記録にも残らない。**

王妃がフンコロガシって言うなよ！

近親婚

アメンホテプとティイには、子供が生まれる。トトメス、スィトアムン、イシト、ヘヌトタネブ、ネベトイアハ、ベケトアテン、アメンホテプ四世。

多いな。

トトメスとアメンホテプ四世が男の子、あとは女の子だ。長女の**スィトアムン**は子供たちの中でも目立つ存在だったよ。なんせスィトアムンは、**父親のアメンホテプ三世と結婚**したのさ。

おおおお――――い！

この時代、長女は父親である王を支えることができ、王族の中でも特別な地位を得るようになっていたんだ。スィトアムンは「**偉大なる王の妻**」の称号を授かっている。

それはティイちゃんのことでしょ！　娘を王の妻にすな！

まぁ、これはスィトアムンに特別な地位と居室、収入源を与え、さらに年老いたティイを支えるための便宜上の結婚と考えられる。だが、**ガチ結婚の可能性もなくはない**。

なんで!?

王の長女は、**王以外の王族男性と関係を持てなかった**んだ。

逆やろ！　王とだけ関係持てなくしろ！

それに、エジプト神話の太陽神ラーが娘である女神ハトホルと結婚している。神が父娘の結婚という前例を作っているのさ。

作るな。

とはいえスィトアムンに子供がいたという記録はないから、便宜上の結婚だと思うことにしよう。ちなみにアメンホテプ三世は、**次女のイシトとも結婚した**という説もある。

娘二人と結婚は、**便宜上だとしてもイヤやな！**

ミタンニの王女

一夫多妻の時代、アメンホテプ三世は二十代の頃にミタンニの王女でシュタルナ二世の娘**ギルヘパ**（Gilukhipa）と結婚。そして治世三六年、当時としては高齢の五〇歳近い頃、彼は口うるさい側近や神官団に嫌気がさしてマルカタ王宮に引きこもりながら六年にもわたって結婚を要請し、膨大な量の黄金と引き換えにミタンニの王女**タドゥヘパ**（Tadukhipa）と結婚。彼女は**一五歳の美少女**だった。

逮捕ー!!

やめなさい。今とは時代が違うんだから！

しかも六年も要請してたって、タドゥヘパちゃんが**九歳**の時から結婚しようとしてるやん！ **逃げて！ こっちよ！**

タドゥヘパを逃がすんじゃない！

相手は引きこもりのおっさんよ！

引きこもり言うな。政略結婚だから仕方ないんだよ。結婚はミタンニ王国と友好関係を築くためとも、**アメンホテプの女好きが衰えを知らなかったから**とも言われる。

後半の理由、最悪なだけやん！

せっかくタドゥヘパと結婚したアメンホテプだが、この時はもう**歯槽膿漏**でほぼ病人だった。

ほんまに**歯槽膿漏のおっさん**だったー！

そのためタドゥヘパはミタンニ王国からお土産としてイシュタール神の像を持ってきていたという。神の御利益で歯槽膿漏を治そうとしたのさ。

治らないのよ！ そこは**デンタルフロス**とかじゃないと！

平松のワンポイント

【ミタンニ王国】

紀元前16世紀頃からメソポタミア北方の山岳地帯に建てられた王国で、首都も未発見であるなど謎の多い国家です。エジプト新王国とは抗争関係にありましたが、後に婚姻関係を結ぶことになりました。領内には後にオリエントを統一するアッシリア人を服属させていたことでも有名ですね。

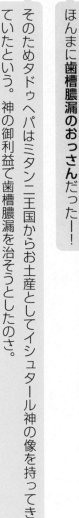

歯槽膿漏はさらに**悪化**。

でしょうね！

アメンホテプは最後の望みをかけ、ミタンニ王国に手紙を送り……。

良い歯磨き粉を送ってもらおうとしたのね。

もう一体**イシュタール像**を送ってもらうよう頼んだ。

そうじゃないのよ。

結局、即位から約三八年、アメンホテプ三世はこの世を去った。

悲しいわねー。**電動歯ブラシがあれば助かったのに**。

イシュタール像は間に合わなかったという。

間に合ってても意味ないから！

アメンホテプ四世

アメンホテプ三世が亡くなると、寡婦となったティイは後宮で晩年を過ごした。息子のトトメスは既に亡くなっていたので、次男の**アメンホテプ四世**が次のファラオとなった。おそらくまだ十代の若者だっ

アメンホテプ四世。紀元前1362頃〜。下から見上げることを想定して造られているので顔が長い。

ただろう。治世四年目、彼の正妃**ネフェルティティ**が歴史に登場する。

ネフェルティティちゃんって聞いたことあるわ。有名よね。

彼女はクレオパトラ七世や、ラメセス二世の妻ネフェルタリと並んで**古代エジプト三大美女**の一人と称されているのさ。

胸像もすごい美人ね。

「やってきた美女」とか「美しい女性が来た」といった意味を表すネフェルティティは、ここまでの経歴が謎に包まれている。アメンホテプ三世が晩年に結婚した**タドゥヘパと同一人物ではないかという説も根強い**が、現在は違うとみられているようだ。ネフェルティティはティイと同じくエジプト人の名門家系で、**アイの娘**だと思われる。

ネフェルティティ。紀元前1370年頃〜。アメンホテプ四世の謎多き王妃。この美しい胸像は現在、ベルリンの博物館が所蔵。ベルリンにやってきた美女となっている。

アイの娘……ってことはアメンホテプ四世とは**いとこ同士で結婚した**ってことね。

平松のワンポイント

【アメンホテプ四世①】
エジプトはアメン（アモン）＝ラー信仰を中心とする多神教でしたが、神官団から権力を奪いたい彼は自らの神格化と一神教への転換を図って、唯一神アトン（アテン）信仰を創出しました。多神教が常識の世界で一神教への転換を図ることは、当時としては衝撃的な出来事でした。②へ続く。

そして**ムトネジェムト**という妹がいたことがわかっているのさ。ネフェルティティは「偉大なる王の妻」の称号とともに歴史に登場するんだが、結婚自体はそれ以前からしていた可能性が高く、結婚から一年後には娘が生まれていたという。夫婦仲はとてもよく、生まれた子供はメリトアテン、メケトアテン、アンケセナーメン、ネフェルネフェルウアテン・タシェリト、ネフェルネフェルウラー、セテプエンラー。

多いな。そして名前がややこしい。

全員女の子だった。なかなか男の子が生まれず、でも跡継ぎに男の子が必要ってことでアメンホテプ四世は別の女性と子供を作る。

昔テレビのドキュメンタリーで見たことあるわ、たしか第二王妃の**キヤ**でしょ。

いや、確かに昔はキヤだといわれていたんだけど、二〇一〇年のDNA調査で**キヤじゃない**ことがわかったのさ。

そうなの!?

調査の結果キヤではなく……**アメンホテプ四世の姉**だとわかった。

平松のワンポイント

【アメンホテプ四世②】
一神教への転換を図る上で、まずかったのが彼の名前です。アメンホテプというのは「アメン神は満足したもう」といった意味だったからです。そこで彼は、イクナートン（アクエンアテン）と改名しました。これは「アテン神にとって有益な者」といった意味でした。名前に神名が入っているなんて驚きですね。③へ続く。

……にゃ？

姉のうちの誰かはわかっていないが、歳の近そうなベケトアテンあたりではないかと思われる。

実の姉弟で結婚してたんかい！ 恐ろしすぎるやろ。

以前から発見されていたものの、身元がわからず「young lady」と呼ばれていた若い女性のミイラがあって、そのミイラがアメンホテプ四世の姉でもあり、子供の母親でもあったんだ。

びっくりやな……。

まぁ、さっきも言ったけど当時の王族は近親婚が普通で、こういう姉弟での結婚はむしろ推奨されていたよ。そして、この姉弟夫婦から生まれたのがあの**ツタンカーメン**さ。

やっと出てきたわねえ！

ツタンカーメンは一九二二年に、王墓が考古学者のハワード・カーターによって発見されたことから一躍有名になった。王墓は荒らされたこともなく、黄金のマスクも豪華な副葬品もそのままだった。

当時は近親婚が普通といっても、血が濃くなるから悪い影響はなかったの？ カルロス二世みたいに。

血が濃いのが原因かはわからないけど、ツタンカーメンはホルモンバランスに異常があって、お尻が大きくなったりと女性化の特徴が見られ、少女のような外見だったそうだよ。さらに左足の骨の一部が壊死して、その影響で左足首が常に内側に曲がって、杖がないと歩けなかったようなのさ。だから、王墓から杖がたくさん見つかっている。それに、左足の一部が壊死していたということは普段から相当な痛みを抱えていたということでもあるんだ。

そう思うとつらいわね。ずっと痛かったなんて。

さらに上下の歯のかみ合わせが悪くて、**ひどい出っ歯**でもあったらしい。

少女のような見た目で、ひどい出っ歯かぁ。

ツタンカーメンの母親じゃないとわかって影が薄くなった第二王妃のキヤだけど、アメンホテプ四世との間に娘を産んでいたことがわかっている。そして、実はこのキヤが**タドゥヘパだったんじゃないかとも言われる**。

ツタンカーメン。紀元前1341頃～。厳密にはトゥトゥアンクアメンと表記されることもある。黄金のマスクはあまりにも有名。

タドゥヘパちゃんここにいたのね！

キヤはアメンホテプ四世に寵愛されていて、キヤという名前の意味は「**猿**」。

さる!?

猿はエジプト神トートの象徴なんだよ。というかトートは知恵の神様でトキ・ヒヒだからみるくがイメージするおサルさんではないと思うぞ。

アクエンアテンの宗教改革

そんなツタンカーメンがファラオになるのはもう少し先だよ。父アメンホテプ四世は神官たちの勢力がファラオに迫るほど強くなっていたのを嫌って、都をテーベからエジプト中部の何もない土地に新都を建設し、「アテンの地平線」を意味する**アケト・アテン**と名付けた。この遺跡は現在では**テル・エル・アマルナ**の名で知られている。そして宗教を、それまでのアメン神をはじめとする多神教から「**アテン神**」を唯一の神とする一神教への宗教改革を行った、とても急進的なファラオだったんだ。

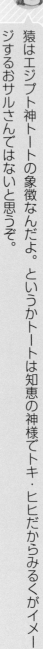

都を移したり、一神教にしたら神官たちの力が弱くなるの？

簡単に言えば、神官って神様や都を祭っている人たちであり、その神様も都も別のものに変えてしまえば神官の役割がなくなるってわけなのさ。父親のアメンホテプ三世も神官たちとは距離を置いて引きこもってたりしたから、元々神官とは仲がよくなかったんだろうね。そして、アメンホテプ四世は名前を「アテン神に有益なる者」や「アテン神の生ける魂」を意味する**「アクエンアテン」**と改めた。そんな**宗教ぶっかき回しファラオ**のアクエンアテンだが、**他にも結婚している。**

どんだけ結婚すんねん。

その相手は……、**長女メリトアテン**と、**三女のアンケセナーメン**だ。

ええええ!?

次女のメケトアテンとも結婚していたというエジプト学者もいるんだけど、長女と三女以外はアクエンアテンの治世一二年の大祭りからほどなくして亡くなっているから定かではない。

どっちにしてもイヤだわ! ていうか、便宜上の結婚なのよね?

ああ、そうだといいんだが……。メリトアテンとアンケセナーメンは、どちらも**アクエンアテンの子供(娘)を一人ずつ生んでいる。**

いやあああ!!! 時代が違うとはいえきついわ! 今だったら逮捕できるのに……**アイアン・メイデンに入れられるのに!**

なんで**中世ヨーロッパの拷問器具**に入れるんだ! 今でも無理だよ!

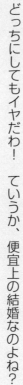

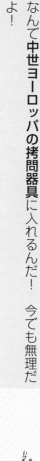

アクエンアテンの治世一二年以降、共同統治者として**アンクケペルウラー・ネフェルネフェルウアテン**が登場する。これは**ネフェルティティ**のことだと考えられる。

共同統治者？　ネフェルティティちゃんも女王になったのね！

アンクケペルウラーの意味は「太陽神ラーが生きることの現れ」だ。ここではややこしいので引き続きネフェルティティと呼ぼう。神々に供え物をささげる儀礼の時、アクエンアテンが不在の時は彼女が王の代わりを行い、その際は、メリトアテンが王妃の役割を務めた。ちなみにメリトアテンにも称号があり、ネフェルティティと同じ「偉大なる王の妻」、「王の愛する人」や、「王の体より出でしメリトアテン」。

いろいろ称号がいっぱいあるのね。

「**偉大なる王の愛する王の妻より生まれし者**」。

長いな！

「**長命であるように**」。

ただの願望というか呼びかけ！

そういう称号なんだから仕方ないだろ。

平松のワンポイント

【アメンホテプ四世③】

彼は旧神官団を排除するために、テーベから遷都も行っています。その先はテル＝エル＝アマルナで、正式名称はアケト＝アテンでアテンの地平線といった意味です。宗教を変え、首都を変え、名前を変えた彼は、専制君主として独裁を行いますが、死後はすべてが否定され新都も破壊されてしまいました。

もう**「お風呂入るように」**とか**「歯磨きするように」**でもえぇやん。

なんで身だしなみばっかり言われてんだよ。**無精なのかメリトアテン。**

謎多き王

紀元前一三三六年頃、アクエンアテンは亡くなったとみられている。彼のミイラは王家の谷「KV55」から発見されていて、調査の結果、亡くなった推定年齢は三五～四五歳だったという。そうして次のファラオとなったのは……。**スメンクカラー**だ。

誰？

彼については諸説ある。アクエンアテンの兄弟説、ツタンカーメンの兄弟説……。いろいろあるが**ネフェルティティと同一人物**だという説もある。

ネフェルティティちゃん!?

スメンクカラーとされる人物。謎多き王。

平松のワンポイント

【ヘロドトスとミイラ】

ギリシアの歴史家で、「歴史の父」とも呼ばれるヘロドトスです。彼の著作である『歴史』はペルシア戦争を描いたことで有名ですが、「エジプトはナイルのたまもの」と評したようにオリエントの記述も多いです。その中でミイラの作り方にも言及しています。興味がある方は一読してみては!?

スメンクカラーの即位名を検証すると、「**アンクケペルウラー・スメンクカラー**」。共同統治王としてのネフェルティティの名前と重なるんだ。

ネフェルティティちゃんの即位名は**アンクケペルウラー**・ネフェルネフェルウアテン……！

だがスメンクカラーは男性だとするエジプト学者もいる。その根拠は、スメンクカラーに**妻がいた**ことだ。

妻おったんかい！

その妻とは……。**メリトアテン**だ。

えええええ!? **娘やん！**

奇想天外な古代エジプト家系図であっても、さすがに**母と娘で結婚**はないだろうと。

ぶっとびすぎよね！

だが、ネフェルティティは女王ではなく「王」として君臨した。**男性化**しているとみなされていて、メリトアテンと結婚したのは、儀式において女性の役割を担う誰かが必要だったからだろう。

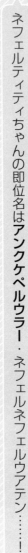

形式上、王妃っていう立場の女性がいたほうがよかったのね。

そして近年、ツタンカーメンの黄金のマスクにメリトアテンの名前が彫ってあるのが発見された。メリトアテンもまたスメンクカラーの共同統治者として君臨していたことがわかったのさ。黄金のマスク以外にも、ツタンカーメンの王墓から見つかった豪華な副葬品の一部も元々はメリトアテンのものだったとみられているよ。

じゃあこのマスクの顔もメリトアテンちゃんの顔かもしれないわね。実物のツタンカーメンはひどい出っ歯だったけどマスクはそんなことないし。

すごい出っ歯な黄金のマスク作られても困るけどな。そして、スメンクカラーとなったネフェルティティが真っ先に命じたのは、夫のアクエンアテンが作った**新都アケト・アテンの放棄**だった。

え、放棄しちゃうの？

アクエンアテンの急激な宗教改革は、結局うまくいかなかった。アテン信仰を広めるための都や遺跡の建設にお金をつぎ込んだが、財源には無頓着だったためエジプトは破産状態。人々は貧しく、アケト・アテンの共同墓地からは栄養失調で亡くなった遺体がたくさん見つかっているという。

つらいわねー。

夫が亡くなってもなおスメンクカラーとして統治を続けたネフェルティティ。それはきっと、**夫によって苦しめられたエジプトを救おうとしていたのかもしれない**。

すごいわネフェルティティちゃん。でも、ということはアクエンアテンが生きている間、

ネフェルティティ

こいつの改革、失敗しとるやん。**こいつが死んだら私がもとに戻したろ**。

って内心は思ってたのね。

そうだろうな。

アクエンアテンを**ぶん殴ってでも**止めてくれたらよかったのに。

やめなさい。

もしかして、ぶん殴った結果**スメンクカラーになれた**のかもしれないわね。

アクエンアテンが**ネフェルティティにぶん殴られて死んだ**とすると……って、変な疑いかけるんじゃない。そして、スメンクカラーとメリトアテンの共同統治はわずか三年ほどで終わる。おそらくスメンクカラーは亡くなったとみられ、メリトアテンも歴史から姿を消している。

悲しいわねー。

ネフェルティティ、メリトアテンもまた大変な運命をたどっていたね。メリトアテンが父アクエンアテ

ンとの間に生んだ子供はメリトアテン・タシェリト（小さなメリトアテンの意味）という名前だったよ。

アクエンアテンと結婚して子供を生んで、その後は母親のスメンクカラーと結婚し、共同統治者として君臨……すごい人生だったわね……。

少年王ツタンカーメン

さぁ、次のファラオがいよいよ**ツタンカーメン**だ。

きたー！

この時まだ八歳とか九歳だったから少年王という異名があるね。そんなツタンカーメンは、まだ子供だけど即位してすぐ結婚しているのさ。その相手とは……。

ごくり。

アンケセナーメンだ。

ええ!? アンケセナーメンちゃんて……**母親違いのお姉さん**やん！

ああ。異母姉弟だから**父親は同じアクエンアテン**。そして**母親同士もいとこ**であり

平松のワンポイント

【ツタンカーメン】
即位時のツタンカーテン（カートン）は「アテン神の生きた似姿」といった意味でした。ツタンカーメンは正式にはトゥト＝アンク＝アメンで「アメン神の生きた似姿」といった意味です。彼は前王の宗教改革を全否定し、神殿の神官たちも復職させたと言われています。

……とにかく**ものすごい近親婚**だ。

大丈夫なんか!?

この時、**アンケセナーメンは既にアクエンアテンの子を産んでいた**ことからツタンカーメンより少なくとも七歳ぐらい年上だったとみられている。夫婦仲は良好で、二人の仲睦まじい様子は壁画などに多く描かれているよ。ツタンカーメンはスメンクカラーに引き続き、アクエンアテンの宗教改革をもとに戻すため、テーベの王宮に住み、伝統的な多神教の神々を復活させ、古い神殿を再開。

どんどん戻されていくやん。**アクエンアテン全否定**やん。

体の弱いツタンカーメンだから、神官の言うことを聞いていただけなのではという見方もあるけどね。じつはツタンカーメンとアンケセナーメンの名は、アクエンアテン時代のアテン信仰から従来のアメン信仰に戻した後の名前だ。名前の最後に「アメン」が入ってるのがわかるだろ。

たしかに。

ツタンカーメンとアンケセナーメン（紀元前1348頃～）の仲睦まじい様子。

生まれた時の名は、「**ツタンカーテン**」。

カーテン！

アンケセナーメンは元々「**アンケセンパーテン**」だった。

どちらも名前にアテン神が感じられるわね。

そのためアンケセナーメンが父アクエンアテンとの間に産んだ子供の名は、「**アンケセンパーテン・タシェリト**（小さなアンケセンパーテン、の意味）」。この子がどうなったのか記録にないんだけどね。

うぅ、アンケセナーメンちゃんも大変な人生だわ。

そしてツタンカーメンにも子供がいたと言われる。彼の墓には**二体の胎児のミイラ**が見つかっているんだ。この二体は双子で、ツタンカーメンとアンケセナーメンの子供だと見られていた。だが、DNA鑑定の結果、父親はツタンカーメンだけど**母親はアンケセナーメンではない**ことがわかった。

ええ!?

双子ではないと仮定するなら、片方の胎児の母親はアンケセナーメンの可能性はあるという。しかし、少なくとも胎児の一人は別の女性との子供だったのさ。

ツタンカーメンめ、アンケセナーメンちゃん以外の女性とおおお!!

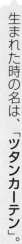

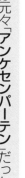

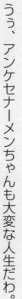

怒るんじゃない。一夫多妻だったから仕方ないだろ。ツタンカーメン自身がかなりの近親婚で生まれているから、その影響で胎児も健康に生まれてくることができなかったのだろうと思われる。

悲しいわねー。

そんなツタンカーメンは、わずか**一九歳で亡くなってしまう**。

早すぎるわーー!

以前はいろいろな説があったんだけど、二〇一〇年の調査で謎がだいぶ解けたのさ。

おおお、判明したのね!

原因は**左の大腿骨の骨折と、マラリア**だとわかった。ツタンカーメンは生前、何度もマラリアにかかっていて、骨折した時もマラリアで怪我の回復が遅れ、傷口から敗血症になって亡くなったと見られている。大腿骨の骨折は今でもバイクの転倒なんかで起こるから、チャリオットと呼ばれる二輪の戦車から落ちたのではといわれているよ。皮膚から骨が出るほどの骨折だったという。

ひーー! でも、骨折してマラリアにもなってるのに戦車に乗るかしら。

ツタンカーメンは病弱だけど、けっこう活動的だったらしい。以前は、ミイラの後頭部が**骨折**していたことから誰かに殴られたと思われていた。

ツタンカーメンが別の女性と子供作ったから、**アンケセナーメンちゃんにぶん殴られた**のね。

気の強すぎる妻ばっかりか！ そうじゃなくて、ハワード・カーターがツタンカーメンの墓を発見し、**ミイラを取り出した時に損傷させた**ものだと結論づけられたんだよ。

何しとんねんハワード・カーター！

近親婚の末に病弱な体で生まれたツタンカーメンだけど、彼もエジプトのためアメン信仰の回帰に努めた。痛みを抱えながら、それでもファラオとして世継ぎを残そうとしたことは二体の胎児が物語っている。

短い人生だったけど、王としてツタンカーメンは精一杯生きたのね……。そんでスメンクカラーといいツタンカーメンといい、**アクエンアテンのフォロー**が大変やな。

たしかに、急すぎた宗教改革を戻す作業をずっとやってる感じだな。

うっかりさんのハワード・カーター。考古学者。

平松のワンポイント

【みんなうっかりさん】
2014年ツタンカーメンの黄金のマスクのあごヒゲ部分が、清掃作業中にはずれ、博物館の職員が強力接着剤で付け直したことが発覚して大問題になりました。2015年に大修復作業は終わりましたが、清掃員も博物館の職員も呪われなければ良いのですが……。

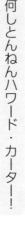

反省しなさいよおおお!!

アクエンアテンにキレるんじゃない!

アンケセナーメンの画策

ツタンカーメンが亡くなると、ある男が次のファラオになろうと考えたのか、残されたアンケセナーメンとの**結婚を画策する。**

夫を亡くしたばかりのアンケセナーメンちゃんと、さっそく結婚しようとするなんて誰やねん!

アイだ。アンケセナーメンの父方で見ると**大おじ**、母方で見ると**実の祖父**だ。

おいこらジジイ――――!!

ジジイ言うな。しかし、この話は有名だけど実は**根拠が薄い**んだ。アイがアンケセナーメンとの結婚を狙った証拠とされているのは、二人の名が刻まれた指輪の受け座がただ一つあるだけ。

古代エジプトといえど、さすがに実の孫娘との結婚は尋常じゃなさそうだもんね!

アイは長年、臣下としてファラオに仕えていた。跡継ぎのいないツタンカーメンが生前、身内の中で年長のアイを王位継承者に選んだという見方もある。

ただ、わかっているのは**アンケセナーメンが王妃の地位を手放したくなかった**ということだ。

王妃の地位を？

そう。彼女がヒッタイト王国の**スッピルリウマ一世**に宛てた手紙が残っている。

すっぴるりうま！

アンケセナーメン

私の夫は亡くなりました。息子はいません。しかし、あなたには王子が大勢いらっしゃると聞きます。王子の中から一人を私にいただけたら、**その方を夫にしたい**と思います。

夫に!?

アンケセナーメン

私は**臣下から夫を選ぶつもりはありません**。

臣下ってもしかしてアイのこと？

わからないが、だとすると実際にアイと結婚話があったようにも思えるね。

アンケセナーメン

王子が私の夫となり、エジプトの王となるのです。

つまり、アンケセナーメンはヒッタイトの王子と結婚し、夫はファラオとなり、自分は王妃となるつもりだったんだ。

なるほど、そうすればアイと結婚しなくても王妃でいられるもんね。

エジプトの王女は近親婚ばかりというのは有名だったから、スッピルリウマ一世は疑っていた。しかし、王子をファラオにできるというのは魅力的な話なので、やがて承諾した。そして息子の一人、**ツァナンツァ王子**が送り出されたよ。

そんな変な名前の王子はちょっと……。

イヤがるんじゃない。しかし、王子はエジプト国境で何者かに待ち伏せされ、**殺されてしまう。**

おおおお―――い!!

ツァナンツァ王子にファラオの座を奪われないよう、アイが仕組んだといわれている。

アイめ―――!!

このせいでエジプトとヒッタイト王国の関係は悪化した。そして、**結局アイとアンケセナーメンは結婚**

したと言われる。

いやあああアンケセナーメンちゃ――ん!!

だが実際のところ、ヒッタイトへ手紙を送って以降の**アンケセナーメンの記録は残っていない**んだ。もし、アイがツタンカーメンから後継者に指名されていたのなら、アンケセナーメンと結婚する必要はないだろう。アンケセナーメンは後宮へ退いたのか、あるいは……。

え?

アイの王位を脅かしたとして処罰を受けた可能性もあるという。**幽閉か、処刑か**……。

いやああ!!

彼女が天寿を全うできたことを願うしかない。

うぅ、無事でいてねアンケセナーメンちゃん。

アイと王妃

アイはファラオになった。彼には**王妃**がいたことがわかっている。

王妃おったんかい。

名前は**ティイ**。普通に考えるとネフェルティティの母親ってことになるけど、継母もしくは乳母である可能性が高いという。ティイの称号は「偉大なる王の妻の乳母」。この「王の妻」とはネフェルティティのことで、母ではなく乳母となっている。そして「偉大なる王の妻」の称号もあるから、アイの王妃であることもわかる。アイはこの時すでに六〇歳を超えていて当時としてはかなり高齢だし、次のファラオを探すための時間稼ぎ的な存在で、その治世は**わずか三年**ほど。特に大きな功績もない。

地味なファラオだったのね。

ちなみにアイの即位名は「ケペルケペルウラー」。意味としては「**太陽神ラーの現れは永遠なり**」。

永遠じゃないやん、三年やん。

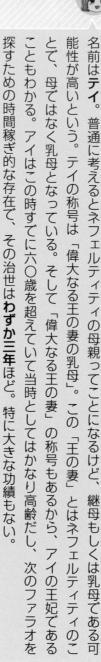

一八王朝最後の王、ホルエムヘブ

息子がいなかったので一族で継承するのは諦め、軍の司令官をやっていた**ナクミトン**という人物を後継者にするのだけど、ナクミトンはある人物に打倒されて王にはなれなかった。彼を打倒した人物が**次のファラオとなる**。

お、それは誰なの？

アイの娘**ムトネジェムト**の夫、**ホルエムヘブ**だ。

ムトネジェムト……って、**ネフェルティティちゃんの妹**だったわね！

ホルエムヘブは王家に仕える軍人で、この頃は将軍だった。アイの娘の夫なので、いちおうツタンカーメン一族はギリギリ続いていることになる。

ギリギリもギリギリやな。

アイがファラオになる前、ヒッタイトの王子がエジプトに向かう途中に何者かに襲われたよね。**襲った犯人がホルエムヘブ**ではないかと言われる。

ホルエムヘブ。生没年不明。黒歴史を許さないファラオ。

こいつか！　王家に仕える軍人だからありえるわね！

そして、ホルエムヘブは自身を**アメンホテプ三世の後継者**と名乗った。

え？　三世ってずいぶん前のファラオな気がするけど。

ホルエムヘブはアクエンアテンからアイまでのファラオの記録を抹消してしまうんだ。

なんでそんなことを!?

ホルエムヘブはアイによって一時的に失脚させられたことがあるんで、アイを恨んでいた可能性がある。後継者として指名されなかった恨みもあるかもしれない。それに、アクエンアテンの宗教改革はもはや**黒歴史**と化していた。

黒歴史を抹消しちゃったのね。記録用の**フンコロガシもいっぱい処分されたん**だろうなぁ。

そんなホルエムヘブだけど、政界や軍隊などを改革して大きな成果をあげた名君で、人々からの支持は高かったよ。即位した時にはもう全然若くなかったはずだけど、統治期間は実に三〇年近くにも及ぶから長生きしたんだろう。

「長命であるように」の称号持ってる?

持ってないと思うぞ。ムトネメジェムトとの間には子供がおらず、後継者にはホルエムヘブの右腕として活躍していた軍司令官のパ・ラムスを指名している。後の**ラムセス一世**だ。なかば無理矢理ファラオを継承してきたツタンカーメン一族だけど、ホルエムヘブで**ついに終焉を迎えた。一八王朝もここまでとなったよ。**

ほんとにすごい家系だったわね……。

近親婚の果ての後継者不足、そしてネフェルティティ、メリトアテン、アンケセナーメン……女性たちが数奇な運命をたどった一族だった。

運命に翻弄されたようにも見えるけど、ネフェルティティちゃんはスメンクカラーとしてエジプトを立て直す道を選んだし、アンケセナーメンちゃんはヒッタイトから夫を迎えようと画策していたわ。うまくはいかなかったけど、自らの意志で運命を切り開こうとしていたのね。

複雑怪奇なツタンカーメンの家系図には、強く生きた女性たちとファラオがいた。

歯槽膿漏のアメンホテプ三世、迷惑男アクエンアテン、フォローするスメンクカラーちゃん、出っ歯のツタンカーメン、ジジイのアイ、フンコロガシを処分するホルエムヘブ。

まとめがひどいな。

アクエンアテンは**天国でみんなにボコられてそう。**

やめてあげろよ。宗教改革はうまくいかなかったけど、アクエンアテンの時代にはアマルナ芸術と呼ばれる文化が発展した。その最高傑作があのネフェルティティの彫像だ。すべてが悪かったわけじゃないぞ。

そっか。じゃあ仲良くやってるといいわね……！

エジプトの王家家系図

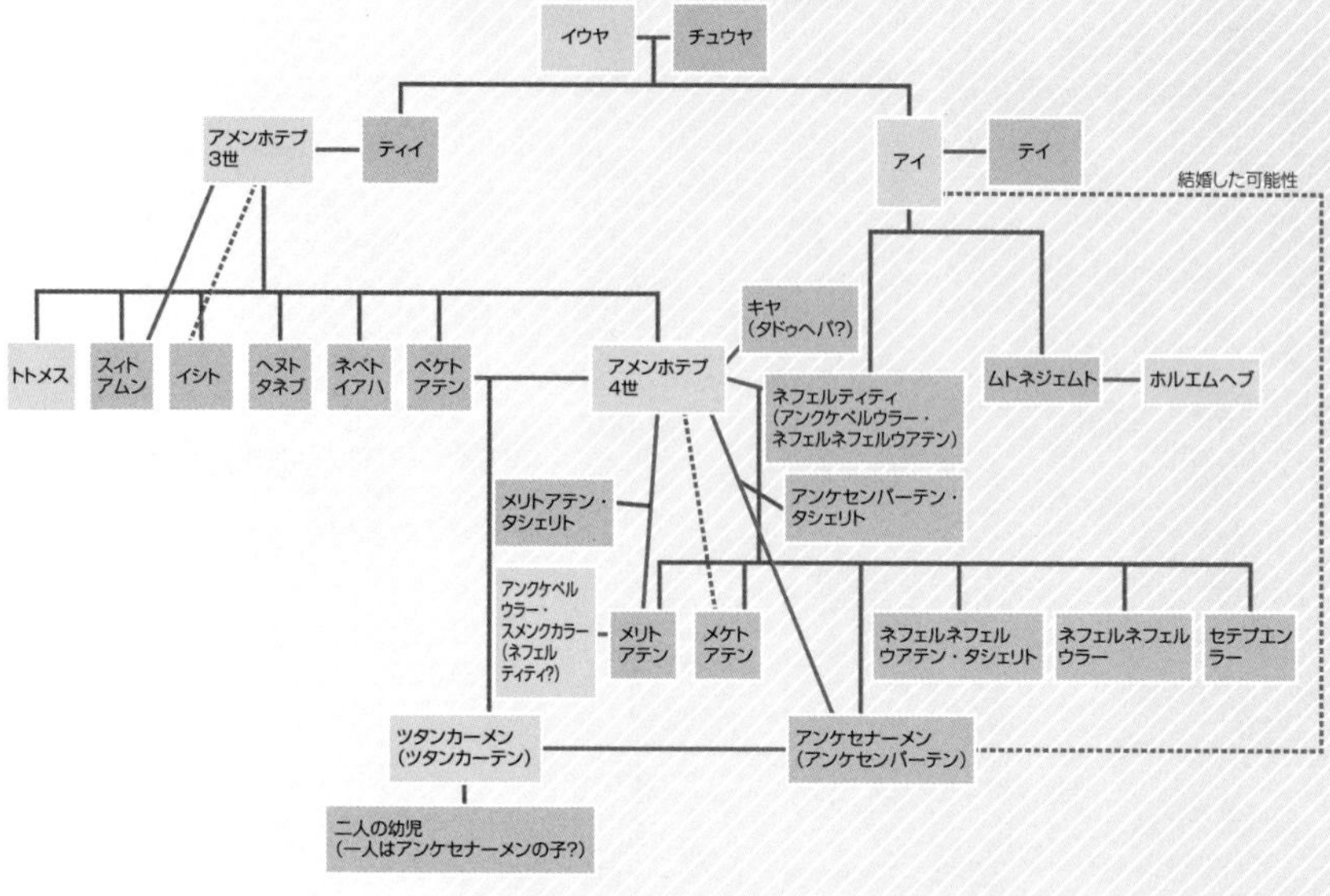

第3章

イタリア・ボルジア家

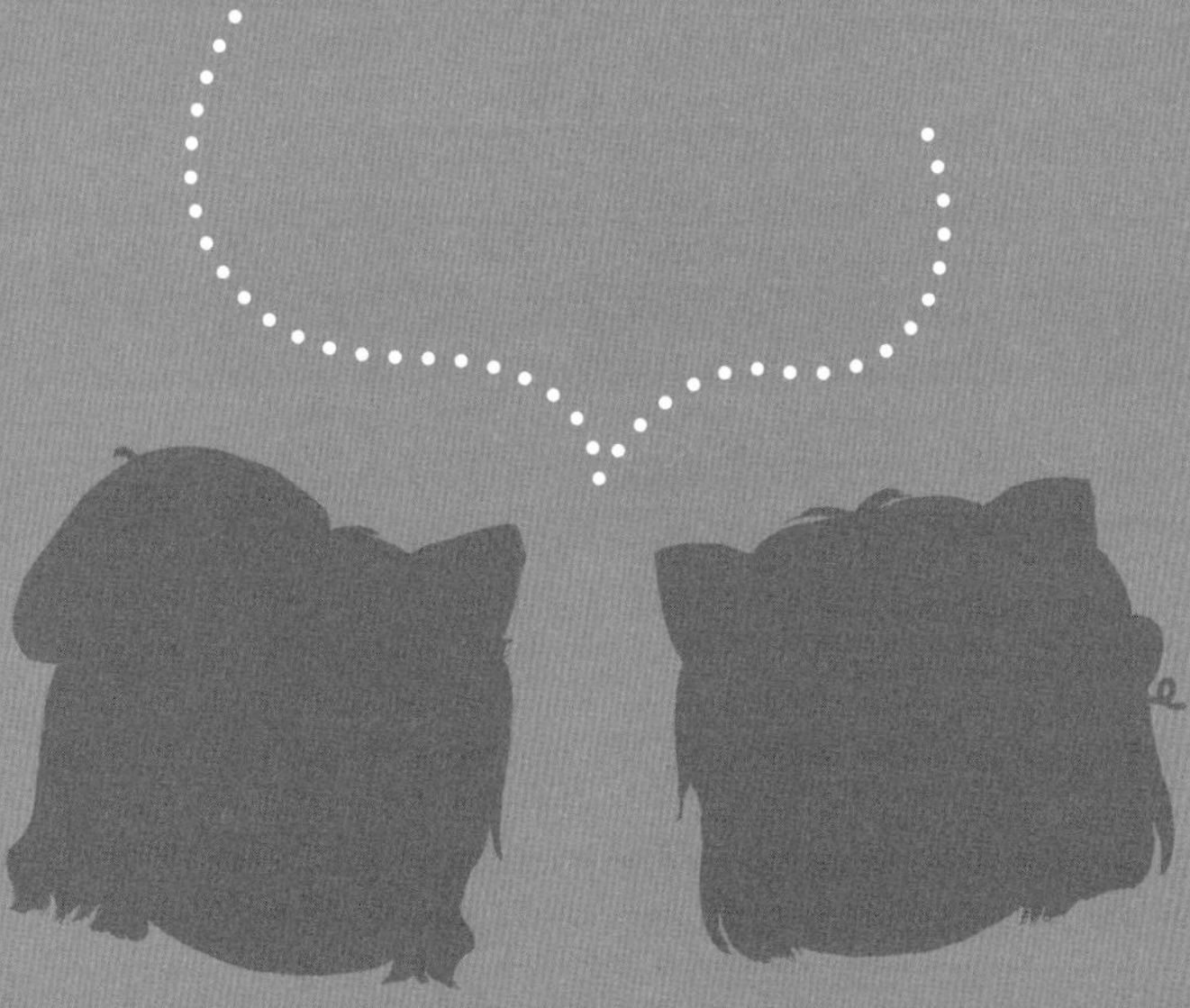

第3章

イタリア・ボルジア家

さて第3章は、**ボルジア家**を追っていこう。これが当時の地図だよ。一五世紀、まだイタリア半島が小国に分かれていた時代。その知力と謀略でローマ教皇という権力を手にし、イタリア統一の夢を描きながら時代を駆け抜けた、**モラル低め**の一族だ。

モラル低いんかい！　権力とか無くていいから真面目な一族がいいなぁ。

そんなんで歴史に名を残せるか！　ボルジア家はアラゴン連合王国、のちのスペインで始まった。連合王国を構成するバレンシア王国の小都市ハティバが故郷だ。牧場で家畜の世話をする牧夫だったと言われており、紋章は赤い雄牛。戦いを好み、勇敢な一族だったことがうかがえる紋章だという。

戦う牧夫かぁ。

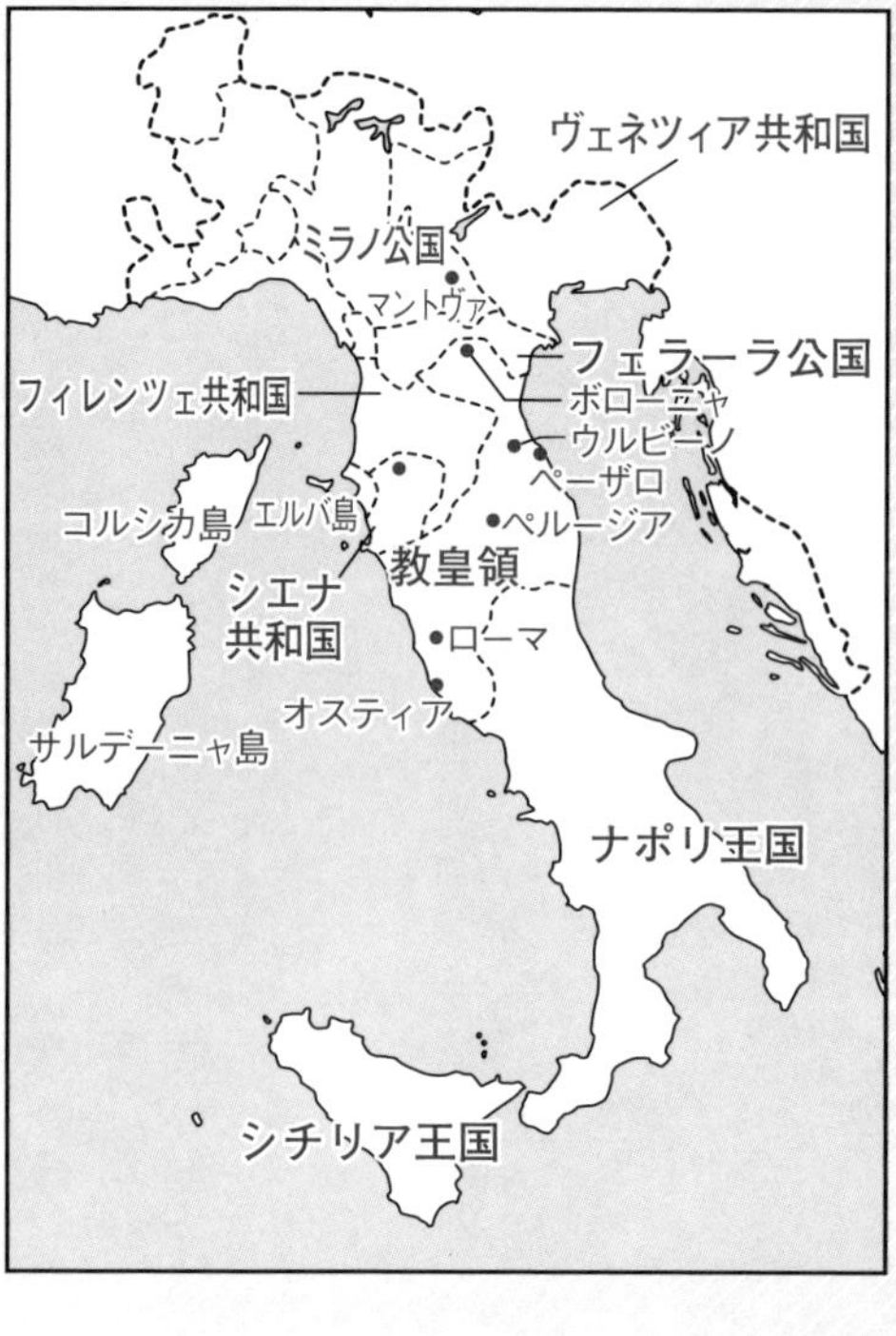

もなか

みるく

※主な登場人物は222ページの家系図も見てみよう。

カリストゥス三世

ボルジア家が飛躍的に発展するきっかけとなったのは、**アロンソ・デ・ボルハ**がイタリア・ローマの法王庁へ行き、聖職者となったことだ。

どこ見てんねん。

彼がローマに行ったことにより、スペインのボルハ家はローマの**ボルジア家**となった。ローマ教会で教皇に次ぐ二番目の地位である枢機卿となった彼は一四五五年、六六歳でついに**ローマ教皇カリストゥス三世**に就任する。

すごいわねー。

この年の新教皇選出会議「コンクラーベ」はいろいろな勢力が対立しており、選出が難しかったんで**年齢的にあまり長続きしない**彼が選ばれたんだ。

そんな理由かよ！

カリストゥス三世は同族を優遇する同族主義であり、ボルジア家の人間を聖職者や要職

アロンソ・デ・ボルハ。1378～。後のカリストゥス三世。痛風持ち。

平松のワンポイント

【復権裁判】

百年戦争で活躍したジャンヌ＝ダルクは、異端審問にかけられ異端として処刑されてしまいました。彼女の復権裁判開催を承認したのがカリストゥス三世です。そのおかげで彼女の無罪が確定しました。

につけた。それが、さらにボルジア家の運命を変えることになるロドリゴ・ボルジアだったのさ。

ロドリゴ・ボルジア

ロドリゴはカリストゥス三世の妹イサベルの息子で、甥にあたる。一四歳の時に聖職の道に入った彼は背が高く褐色の髪、類まれなる美貌の持ち主だったという。

イケメンなのねー！

太ましいやないか！

これは歳を重ねてからの肖像画だから。

描いてもらうの遅い。

若い時の彼を知る家庭教師ガスパーレの証言を聞いてみよう。

ロドリゴ・ボルジア。1431 〜。後のアレクサンデル六世。若い時はイケメンだったそうだが ……。

ガスパーレ

ロドリゴの声は人の心をくすぐり、話し方は熱っぽい。しかも物憂げで、黒い瞳は**魅惑的**！

家庭教師は勉強を評価しろよ。

ガスパーレ

顔には明るさと、幸せや楽しさが常に浮かんでいる。会話は女性の心をかき乱し、磁石のように女たちをひきつける。だが彼は手に入れた女のことを巧みに隠す。だから人々はその数がどれほどのものか知りえないのだ。

この人の心もかき乱されてそう。

伯父カリストゥスの引き立てによってロドリゴはどんどん出世していきながら富を築くことになる。カリストゥスが亡くなると多くのスペイン人がローマから追い出されたが、立場を強固なものにしていたロドリゴは残ることができたのさ。そして、枢機卿だったロドリゴの**推し活**によって次の教皇**ピウス二世**が誕生する。この時ピウスは五二歳、ロドリゴは二七歳。

これは推したくなるわ。かっこいい。

たしかにピウス二世はたくましくモテモテで、聖職者は結婚が禁止されていたので庶子が何人もいたという。だが教皇となる頃には節度を重んじていた。

ピウス二世。1405～。ロドリゴの推しで痛風持ち。

歳を重ねるうちに真面目になったのね。

痛風で遊ぶどころじゃなくなったから。

やむをえない理由なのかよ。

ピウス二世は推してくれた恩があるのでロドリゴの役職を維持し、優遇した。しかし、一四六〇年……。ピウス二世はロドリゴが複数の女性たちと**いかがわしいパーティーを開いた**として怒っている。

聖職者が何してんねん。

パーティーについてはロドリゴが否定したのでお咎めなしになったが、ロドリゴにはこの頃、愛人との間に息子の**ペドロ**が生まれている。ピウスは寛大で、まだカリストゥスが存命時、ロドリゴの部下がフランス人貴族に**実の妹と肉体関係を結ぶのを許可する勅書**を売りつけ、ロドリゴも多くの分け前を受け取っていたが許している。

貴族もロドリゴも全員許すな！

教皇メーカー

ピウスは五八歳で亡くなってしまう。

優しい教皇だったのに悲しいわねー。

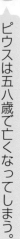

ロドリゴは自分の役職を維持するため、親友の**パウルス二世**を教皇に選出。その五年後にも教皇**シクストゥス四世**を誕生させ、教皇メーカーとして彼はうまく立ち回っていくのさ。ロドリゴはアラゴン王国とカスティーリャ王国の平和条約を結ぶための教皇特使に任命され、アラゴン王**フェルナンド2世**とカスティーリャ女王**イサベル**との結婚を承認する。この結婚によって二つの王国は統一され、スペインへとつながることになるんだ。この二人はハプスブルク家の話に出てきた**ファナの両親**だよ。

ハプスブルク家にもつながる重要な結婚だったのね！　そんなところにロドリゴが関わってたとは！

スペインからローマへと帰ってきたロドリゴは、**新しい愛人**と関係を持つ。

どのタイミングで関係持ってんねん。

相手は**ヴァノッツァ・カタネイ**。美人で明るい瞳、髪はブロンド。**骨太**の女性だったという。ヴァノッツァは宿屋の女将をしていて、ロドリゴより一〇歳年下だった。二人の間には**四人**の子供が生まれる。

けっこう多いな。

ただ、四人目が生まれたあたりからヴァノッツァとの関係は冷めてきたようだ。スペイン王フェルナンド二世は、スペインにあるボルジア家の領地ヤティバを含むガンディア地方を公国として独立させ、ロドリゴの最初の息子**ペドロ**に与えて**ガンディア公**に叙した。しかし、3年後にペドロは亡くなっているよ。

息子が亡くなったとはつらいわね、元気出してね、ロドリゴ。

翌年、ロドリゴは甥のオルシーノと、名門一族の**ジュリア・ファルネーゼ**の結婚を主催する。

ジュリアちゃんかわいい。

黒い目で丸みを帯びた顔の美人だったという。
そして数か月後、ロドリゴは**ジュリアを愛人にする**。

おおおおお―――い!!

オルシーノには**市長**の職を与えて納得させたよ。

納得するか! **どんな理由で市長になってんねん!**

この時ジュリアは**一五歳**、ロドリゴは**五八歳**。

ファラリスの雄牛ってどこで売ってる?

売ってるか! **古代の拷問器具**だろそれ! ロドリゴはヴァチカンの宮廷に隣接する館にジュリアを住まわせ、そこに通った。

ジュリア・ファルネーゼ。1474～。丸顔美人。

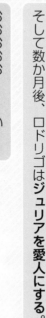

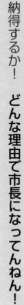

市長やってる旦那はどうしたの？

仕事を言いつけてローマから追い出しといた。

最低か！

ちなみに一四九三年にジュリアは女の子のラウラを出産しているが、**父親はロドリゴ**だと噂された。

やっぱ陰でそういう噂が立っちゃうわよね。

ジュリアが親戚の聖職者にラウラを見せたところ……。

聖職者　おお、**ロドリゴ様にそっくり**です！　**ロドリゴ様のお子様**です！

はっきり言うんかい！

アレクサンデル六世

一四九二年、教皇インノケンティウス八世が亡くなった時ロドリゴは六一歳だった。最後のチャンスと思ったロドリゴは、今度は自らが教皇を目指したよ。

おお！　頑張ってね！

だが、ライバルの枢機卿は二人いた。ミラノの名門一族出身のアスカーニオ・スフォルツァ枢機卿。そして**ジュリアーノ・デッラ・ローヴェレ枢機卿**だ。特にローヴェレはイタリアで人気があったので最有力だった。

そのわりに元気ないわね。

そこでロドリゴは他の枢機卿たちに**賄賂**《わいろ》を渡して自分に投票してもらうことにした。

賄賂かい!

ロドリゴはお金持ちだったからいいんじゃないか。

もなかまでモラル失うなよ!

新教皇の評価

こうしてロドリゴは**アレクサンデル六世**となった。当時の司教などによると、六一歳になってもまだ美男であったという。

あ、まだ肖像画の状態にはなってないのね。

元気なさそうなジュリアーノ・デッラ・ローヴェレ枢機卿。1443 ～。後のユリウス二世。

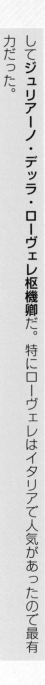

高い背丈、艶のある顔。黒い瞳は毅然と輝き、健康で並外れた体力で朝早くから深夜まで仕事に没頭することも多かった。

仕事熱心なのはいいわね。

鋭い知性と見事な雄弁、**肉付きのよいアゴ。**

肖像画の状態になってるやん。

肖像画もそんな悪くないだろ、太ましいだけで。だが普段は野菜などの付け合わせ一皿程度の質素な食事で、生活費も少なかった。財政問題に優れた見識を発揮し、教会の財政難に対応したよ。

なんで太ましくなったのかしら。

新しい臣下たちに対し、とにかく好印象を与えていたのさ。寛大な性格だが罪人には厳しく、即位して早々に殺人犯を兄弟もろとも処刑している。

罪人に厳しいのね。でもアレクサンデルって選挙の時に**賄賂**を……。

渡してた。

罪人やん。そりゃ評判いいでしょ、**部下に賄賂を渡してるんだから。**

それもあるかもしれないけど、現代になって評価が見直されてるから優秀なのは間違いないと思うぞ。

フランスのイタリア侵攻と、アレクサンデルの子供たち

一四九四年、始まりはナポリ王フェランテが亡くなったことだ。息子の**アルフォンソ二世**が継ぐのが自然な流れだったが、フランス王**シャルル八世が王位を主張してきた。**

お前じゃない。

シャルルの祖母マリー・アンジューがナポリ王ルイ二世・ダンジューの長女だったことから、王位継承権を主張していたんだ。王の戴冠式を行い、新王として認証するのは教皇の役目だったんで、シャルル八世の目はナポリよりもアレクサンデルに向けられた。

シャルル八世
アルフォンソをナポリ王として認めたら**侵攻してやる。**

脅しやん。

だが、アレクサンデルはシャルルをナポリ王にする気など全くなかった。アルフォンソの戴冠式のため

シャルル八世。1470 〜。フランス王。

教皇特使を派遣し、さらに自分の末の息子**ホフレ**と、アルフォンソの庶子の娘**サンチャ**との結婚まで決めたのさ。

ホフレ・ボルジア

ホフレはアレクサンデルとヴァノッツァとの間に生まれた**末っ子男子**だ。フランス侵攻に対抗してナポリのサンチャと結婚が決まったのは一四九四年、ホフレ**一二歳**、サンチャは**一六歳**だ。

若っ！

若すぎるので、婚約発表はその年のクリスマスまで延期されたという。そして、カステル・ヌオーヴォの聖堂で二人は結婚。

おめでとうー！

だが夫婦仲はよくなくて、サンチャは**ホフレの兄フアンやチェーザレとも関係があった**といわれている。

ファンキーな奥さんやな。

ホフレはスポレート総督補佐に任命される。**スポレートで狩りをしたり、山を歩いて遊んだ。**

仕事しろ。

その後も百人の兵士を並べて装備とか確認する閲兵を頼まれたりしている。が、**うまくできなかった。**

この息子大丈夫か。

一五〇二年、ボルジア家に謀反を起こした一族の財産を押収するためホフレが派遣されたが、**失敗した**んで他の人に変わってもらった。

押収をどうやって失敗すんねん！

二人の間に子供はおらずサンチャは一五〇六年、病で亡くなった。まだ二八歳の若さだったよ。

悲しいわねー。

ホフレはいとこの一人、**マリア**と再婚。四人の子供に恵まれたが、政治にあまり興味がなかったのでひっそりと生きて四〇歳頃に亡くなっているよ。

お疲れさま。サンチャちゃんに浮気されたり、よく失敗してたこと忘れないわよ。

やめてやれよ、たぶん**ホフレ自身も忘れたいこと**なのに。

ルクレツィア・ボルジア

続けてアレクサンデルとヴァネッツァの子供をもう一人紹介しておこう。ホフレの二歳年上の姉**ルクレツィア**だ。

かわいがられてそう。

その通りで、アレクサンデルはルクレツィアがそばにいないとつらくて、**苦痛を忘れるために仕事に没頭**したという。

そんな理由で没頭してたんかよ。

彼女は父アレクサンデルが教皇になるとすぐミラノの支配者一族であるスフォルツァ家の**ペーザロ伯ジョヴァンニ**と婚約する。この時ペーザロ伯は二六歳、ルクレツィアは**一二**歳だ。

助けに行くわよ！　待っててねえええ！

行くな！　この時代は政略結婚からは逃れられないんだよ！　この頃のルクレツィアを目撃したパルマ

ルクレツィア・ボルジア。1480～。
美しすぎて通称が「天女」。

市民の証言がある。

市民：少女の背丈は普通で、細い。顔は面長で鼻筋が通り、ブロンドの髪。目は薄い青色で明るく、歯は純白に輝いている。**胸も白くて形が良い。**

市民きっしょ。

やめなさい。翌年にルクレツィアは結婚したが、ローマとミラノの関係悪化をきっかけに彼女はローマに帰ってくる。ホームシックだったのかもしれない。

まだ**中一**だもんね、無理もないわ。

そうして父アレクサンデルの**愛人ジュリアと一緒の館で暮らしていたよ**。

教育に悪いな！

だが一四九四年、ジュリアとともに一四歳のルクレツィアはフランスのローマ侵攻に伴い、ミラノのペーザロへ戻っている。そして、一六歳の時にはヴァチカンの宮廷の経営に大きく関わっていた。

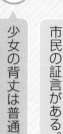

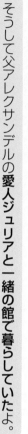

優秀な子だったのね。

この頃は宮廷の隣にある館、かつて父の愛人ジュリアと暮らした場所で夫と暮らしていたよ。しかし、ローマとスフォルツァ家の関係にメリットがなくなると夫は宮廷での立場もなくなり、つらくなった夫のペーザロ伯はルクレツィアを置いて**逃亡**する。

夫なにしてんねん。

ペーザロ伯の侍従の証言によると、彼は**命を狙われていた**。理由は、ボルジア家が**ルクレツィアを別の政略結婚に使うため**といわれる。

身勝手か！ しかも殺さなくてもいいやん！

その殺害計画を知ったルクレツィアが夫に伝えた結果、ペーザロ伯は逃亡したのさ。ルクレツィアがペーザロ伯を助けようとしたということで愛情はちゃんとあったのかもしれない。彼女はそれからサン・シスト修道院に引きこもってしまうんだ。

つらいわねー。

アレクサンデルは、ルクレツィアに代わって離婚申請をする。

どこまでも勝手なことするなよ！

カトリックは離婚を認めていないので**結婚自体を無効**にする必要があった。そのため、ペーザロ伯が**性的に不能**で夫婦生活は達成されていなかったと主張したよ。もちろんペーザロ伯は離婚を拒否。認めたら、ルクレツィアの**持参金を返さなくてはいけない上に不能**ということになってしまう。

つらすぎる。

ペーザロ伯はスフォルツァ家の首長ルドヴィーコに支援を求めたが、ルドヴィーコは教皇であるアレクサンデルと対立はしたくなかった。そこでこんな**アドバイス**をした。

ルドヴィーコ
ルクレツィアに会って、両家の立ち合いのもとで**不能でないことを証明**したら良い。

いや証明って!?

ペーザロ伯は拒んだ。

そりゃそうよね。

ペーザロ伯
立会人がいたら**緊張してうまくできない**。

理由それかよ。

失敗なんてしたら**不能が確定**してしまうだろ。拒否したペーザロ伯に対しルドヴィーゴは……。

ルドヴィーコ
だったら、立会人は枢機卿一人だけにして**別の女性を相手に証明**したらいい。

全然よくないわ! **こいつアドバイス下手すぎる**って!

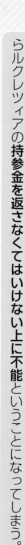

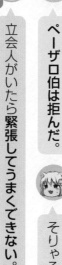

実際のところ彼は最初の妻との間に子供がいたから不能ではない。ルクレツィアとの仲は微妙だったから、彼女との夫婦生活が達成されていたかはわからないけれど。

そうだったのね。

ペーザロ伯は**ルクレツィアが近親相姦をしている**と訴えて反撃した。相手は**父アレクサンデル**。

ちょっとアレクサンデルを**爆破**してくるわ。

やめなさい。現在ではそんな関係があったことは否定されているよ。家族仲はよく、アレクサンデルとルクレツィアが一緒に**馬の交尾を見て楽しんでいた**という記録もあるぐらいだけどね。

この世にそんな記録あるの？

ああ。**それほど仲はよい**が近親相姦なんてもちろん無い。しかし、ペーザロ伯の訴えは長年にわたってボルジア家の悪評として残り続けた。とはいえ結局は圧力に屈してペーザロ伯は結婚解消を認め、ルクレツィアは処女であると宣言したよ。

ルクレツィアちゃんの気持ちはどうだったのか気になるわ。

まだ**修道院に引きこもってる。**

引きこもり続けてるやん！

結婚解消ができたので**次の政略結婚の相手が決められた。**

ルクレツィアちゃんを無視して話を進めるなよ！

決まったのは前ナポリ王アルフォンソ二世の庶子、**ビシェリエ公アルフォンソ。**ホフレの妻サンチャの弟でルクレツィアより一歳年下、美男で性格も温和だったという。

いいわね、今度こそ幸せになってねルクレツィアちゃん。

結婚話がまとまった頃。**ルクレツィアが妊娠した**……。

引きこもってるのに!?

相手はルクレツィアの父アレクサンデルの侍従、**ペロット**だ。

何してくれてんねんペロット！

ペロットは牢屋にぶちこまれ、六日後に**遺体**となって河から引き上げられた……。一緒に、なぜかルクレツィアの侍女も遺体で見つかっている。

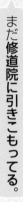

ペロットはルクレツィアちゃんに手を出したから仕方ない。

ルクレツィアは子供を無事に出産し、**ジョヴァンニ**と名付けられた。この子は「ローマ王子」と呼ばれることになる。兄のチェーザレの私生児ということにしたが、ルクレツィアが子供を産んだということは他国の大使も報告しているんで**彼女と兄の間に生まれた**のではないかという疑惑が持ち上がる。父娘の近親相姦疑惑に加え、**兄妹の疑惑**もここから生まれてしまうのさ。

悪評が増えていくわね。

ただ、ジョヴァンニの出生ついては諸説ある。本当にチェーザレの子だったとか、はたまたアレクサンデルがどこかで作った子だとか。一四九八年、**一八歳**のルクレツィアとビシェリエ公は結婚した。

こんなにいろいろあってもまだ一八歳!?

彼女は美男のビシェリエ公に夢中になり、彼がルクレツィアの**初恋相手**だともいわれるよ。だが、翌年にはボルジア家とナポリの関係悪化のため、身の危険を感じたビシェリエ公は**ナポリに帰ってしまう**。

またかよ！　どんだけ関係悪化すんねん。

アレクサンデルはルクレツィアをビシェリエ公のもとに行かせたくないので、彼女をスポレート総督に任命する。

アレクサンデルがすぐ結婚生活を邪魔する！

こうしてルクレツィアは総督としてスポレートへ向かった。ちなみに弟のホフレも補佐として一緒だ。ルクレツィアは、警察を強化するなどスポレートをしっかりと治めた。スポレートの地で夫のビシェリエ公と再会することもでき、数か月でローマに戻った。ロドリゴという子供も生まれたが一五〇〇年夏、夫**ビシェリエ公がローマで数人の男たちに襲撃された。**

ローマの治安悪いな。

ビシェリエ公はアレクサンデルの宮殿に運び込まれた。右腕と太ももに重い怪我を負い、その様子を見たルクレツィアは**気絶**してしまったという。

つらいわねー。

ビシェリエ公はルクレツィアと姉のサンチャの懸命な看病で回復に向かった。

よかったー！

ルクレツィアは夫がまた襲われないよう警戒していたが、ある日サンチャとともにアレクサンデルに呼ばれ、しばらく部屋を開けた。二人が戻った頃には、**ビシェリエ公は亡くなっていた……**。絞殺されたといわれているよ。

いやあああ！ ひどいわー。

理由は、ビシェリエ公がルクレツィアの兄チェーザレを殺害する陰謀を企てていたからだとされた。だが実際は、ボルジア家がナポリと対立状態になったためだろう。

おい出てこいアレクサンデル！

夫の死にルクレツィアはとても憔悴した。彼女は手紙に「**この世で最も不幸な女**」と署名したという。

そんな悲しい署名があるのか……。

悲しみに暮れていたルクレツィアだが、翌年父アレクサンデルが留守の時には教会の仕事や、ヴァチカンの指導を任されていた。まだ二一歳の女性だというのに、かなり異例のことだったのさ。彼女は機転がきくし、常に接見に応じる準備をしていて、安心して仕事が任せられた。

アレクサンデル

娘と何か交渉することがあれば、**私のほうが必ず敗れる**だろう。

父親もそう言っている。

ルクレツィアちゃん、口ゲンカがめっちゃ強いんでしょうね。ほんとに優秀な女性だわー。

そんな中、**また再婚させられた。**

いい加減にしなさいよボルジア家！

相手はフェラーラ公国の嫡子**アルフォンソ・デステ**。強力なフェラーラを味方につけるための政略結婚だ。

どんだけ政略結婚させられるんや……。

ルクレツィアとしてもかなり喜んでいたよ。夫を亡くした女性は陶器の食器しか使えないんだが、既婚になると**銀の食器が使える**とかあるし。

食器の問題じゃないでしょ！

ただ、ビシェリエ公との間に生まれたロドリゴは手放すことを余儀なくされる。この子はボルジア家で育てられ、のちに弟ホフレの妻**サンチャ**に託されている。

サンチャちゃん優しかったのね！

夫となるアルフォンソは二四歳で、二一歳のルクレツィアとちょうどよかった。彼女は結婚が決まった喜びで朝までダンスを踊っていたぐらいだ。結婚を前に、フェラーラからルクレツィアを迎えるため、**五〇〇人**の使者がローマへやって来た。

使者を送りすぎじゃない？

ルクレツィアについて、アルフォンソの姉**イザベッラ**に送られた報告によると、

報告

議論の余地なく美しい。物腰の良さがその美しさをさらに際立たせます。不吉な疑いを彼女にかけることなど思いもよらないほど優しそうです。必ずや彼女に満足されるでしょう。

美しすぎて**前の夫が不穏な死を遂げたことなんてどうでもよくなってる**ね。

完璧美人の前には、もう全部どうでもいいんやな。

フェラーラでも彼女は絶賛された。義姉イザベッラがルクレツィアにつけていた**諜報員**の報告によると、

諜報員

彼女は魅惑的で優雅です。

そう書き送っている。最初の夜は、例によって**証人つきで寝室に入る**。アルフォンソは男らしく**三回**、

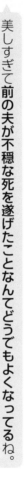

達成したという。

何を？

詳しくは知らなくていい。周囲の評価としては「**平均的**」だったとのことだ。アルフォンソは女性関係が真面目ってほどじゃなかったが、ルクレツィアに魅了され仲のよい夫婦となった。彼女は三度目にして、ようやく落ち着いた家庭を手に入れたのさ。

うう、よかったわねー。ここまでほんとに長かったわ。

彼女はまだ**二二**歳だぞ。

若いのに波乱万丈すぎ！

父アレクサンデルは、アルフォンソが毎晩ルクレツィアの元に通っているという報告を受けて喜んだ。

父親にどんな報告をしてんねん。

夫のアルフォンソは肌は浅黒い感じで、広い肩幅、優しさと厳しさをあわせもつ人物だった。厚く官能的な唇を持ち、騎乗槍試合や砲術を好んだ。ただ、彼はたまに**奇行**をすることがあった。

人間だもの、たまには変なこともするわよ。

街中を裸で歩き回ったり。

ちゃんとした奇行だったわ。

アルフォンソの弟、イッポーリト枢機卿は女好きで知られていて、ルクレツィアの弟の妻サンチャとも恋愛関係にあったといわれる。ちなみにイッポーリトとサンチャはいとこの関係にあった。

ややこしいし、全体的にアルフォンソ一家の**モラルが薄く感じる**。

ルクレツィアは文芸や詩を好み、同じ趣味を持つ貴族たちを結びつけた。彼女の美しさや振る舞いは彼らに称賛されたのさ。それはしばしば**夫を不機嫌にさせた**という。ある種の嫉妬か何かだろうか。

器が小さくないか。

アルフォンソも最初は義務的に夫としての務めを果たしていたが、やがて優しさと本当の愛情に目覚めていった。

ルクレツィアちゃんの魅力がアルフォンソの心を溶かしていったのね、素敵だわ。

彼女は結婚してすぐ妊娠した。しかし、伝染病にかかってしまい、その間に死産してしまう。この頃にフェラーラでペストが流行していたんだ。

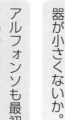

ペスト！

何かあった時のために遺言を用意していたのだが、そこに文章を追加。それは離れて暮らす子供ロドリゴのことだった。世間では前の夫ビシェリエ公の死からすぐ立ち直り、子供を手放してあっさり再婚した薄情者だと批判されることもあったが、彼女がわが子のことをちゃんと思っていたのさ。

まだ若いけど、ちゃんとお母さんなのね。

そして、伝染病は無事に回復したよ。

よかったー！

結婚した年、とある**青年とルクレツィアは恋に落ちている。**

おおおーい！ **そりゃアルフォンソも不機嫌なるわ！** そんで結婚した年って早いな！

相手は**ベンボ**だ。

ベンボはあかん。

名前で決めるんじゃない。まぁ既婚者だからあかんのは確かだが。ピエトロ・ベンボはヴェネツィアの詩人で学者、彼女より一〇歳ほど年上だった。美男子であり、知的で明るくて社交界でも目立つ存在だったという。社交界の一番の華はルクレツィアだけどね。

人気者同士の恋ね。

だが、夫のアルフォンソが二人の仲を疑い始めたので関係は終わった。恋多き女性のルクレツィアは、**マントヴァ侯フランチェスコ二世とも愛人関係**にあったといわれる。

多いわね。

フランチェスコはルクレツィアの**義姉イザベッラの夫**だ。

イザベッラちゃんが**ルクレツィアちゃんに諜報員つけてた理由**それか！

夫の浮気を監視する意味もありそうだな。といってもルクレツィアに**慰謝料請求**するわけでもなく、愛人関係は長く続いたといわれる。ルクレツィアとイザベッラが対面した時は、イザベッラが持っている芸術品を彼女に見せつけて**マウント**を取り、仲は悪かったという。

でしょうね！

ちなみにイザベッラは二人の愛人関係を**アルフォンソにチクっている**よ。

周囲の人はアルフォンソを慰めた。

えー！

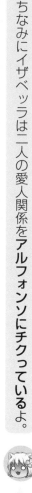

周囲の人

フランチェスコは**フランス病なので不能**ですよ。

慰め方がひどいな。フランス病ってどういうの？

梅毒だ。

性病かよ！

二人の間をつなぐ密偵の役割を担っていた**エルコレ・ストロッツィ**という人物は、ルクレツィアの様子を随時**フランチェスコに報告していた。**

ルクレツィアちゃんの行動がどんだけ報告されるねん。

エルコレは一五〇八年六月、**遺体となって発見されている**……。

犠牲者出たー！

剣で二二か所も刺されていた。フェラーラの街で起こった事件だが、フェラーラ公のアルフォンソは捜査をしなかったので、彼の仕業ではないかと考えられている。

動機の心当たりがありすぎる。

一五〇五年頃、ルクレツィアが修道院に引きこもっていた時に侍従ペロットとの間に生まれたジョヴァンニを呼び寄せている。

ジョヴァンニのことも忘れていなかったのね。

この子はローマ王子と呼ばれてフェラーラの封臣のもとで育てられ、のちに宮廷に迎えられている。ただし、その際はルクレツィアの子供ではなく弟と紹介されたようだ。一五一九年三月、長年の愛人だったフランチェスコが**フランス病**で亡くなっている。五二歳だったよ。

ほんとにフランス病だったのね。

同じ年の六月、三九歳のルクレツィアは妊娠していた。夫との間にはすでに**四人**の子供がいる。

多いな。

めっちゃ多い。

早くに亡くなってしまった子を含めると、これが**一一回目の妊娠**だったという。

彼女は体調が悪く、六月一四日に女児を死産してしまう。産褥熱《さんじょくねつ》にかかってしまい、何日も苦しんだ。夫のアルフォンソはその傍らで、彼女の手を握っていたという。そうして六月二四日、**ルクレツィアは短くも激動の生涯を終えた。**

ルクレツィアちゃーーーん！

夫は甥でマントヴァ侯を継いだフェデリーコに宛てて手紙を書いている。

アルフォンソ
最愛の妻であり誉れ高い公爵夫人が召されるのは、神のご意思である。涙なくしてこの手紙を書くことはできない。愛しく美しい伴侶と別れることはそれほどつらいのだ。妻は徳と優しさに包まれ、**いとおしく尊い存在**なのだ。

ルクレツィアちゃんによって溶かされた心は、いつまでも彼女を愛し続けていたのね……。

愛人を持ち、一回も妊娠したにもかかわらず「**いと美しい処女**」と呼ばれた彼女は、誰からも愛されながらこの世を去った。

自由で素敵な子だったわ。夫のアルフォンソの心が**また固まらなくてよかった**。

フランスの撤退

話を一四九四年のフランス王シャルル八世によるイタリア侵攻に戻そう。

そういえば侵攻してたわね。

シャルル八世はナポリを手に入れるべく動きだした。アレクサンデルはなんとか時間を稼ごうとしたが、シャルルは素早かった。夏の終わり、シャルルはイタリアへと侵攻を開始した。

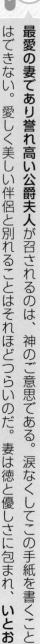

始まってしまったぁー！

総勢九万。外国の傭兵も含まれていたが、シャルルの名の元に集結した見事な大軍であった。

うぅ、さすがフランス王ね……。

シャルルはこの時まだ**二二歳の若さ**だ。彼について、多くの記録が残っている。

記録　**背が低い。**

そんな記録かよ！

記録　体格は弱々しい。頭が大きい、**足が短い。**

なんで王に対して**遠慮を知らない**のか。

記録　彼が馬で進む姿は、ひどく**こっけい**である。

ヴェネツィア大使によると、

大使　顔はゆがんでいて目は大きく、どこを見てるのかよくわからない。垂れ下がった**大きい鼻**、**厚い唇はいつも半開き**。

そんなんばっかりやな！

シャルルのもとにはローヴェレ枢機卿がいた。彼は教皇になれるはずだったのにアレクサンデルの賄賂によって敗北した人だ。完全にローヴェレは反アレクサンデル、反ボルジアとなっていたのさ。

そりゃ賄賂で敗北させられたらそうなるわよね。

結局シャルル八世はナポリを征服してしまう。だが、アレクサンデルはスペインや神聖ローマ帝国、イタリアの諸国とともに反フランス同盟を結成し、シャルルを撃退することに成功した。

よかったわ。

こうしてシャルルのナポリ侵攻は終わりを告げた。イタリアに**フランス病**と呼ばれた爪痕を残して……。

シャルルが残していったのかよ！

さらに、この侵攻の途中でアレクサンデルの愛人ジュリアがフランス軍に捕らえられたことがあり、釈放されたもののトラウマなってしまったジュリアは、アレクサンデルのもとを去っている。二人の関係はここで終わったのさ。

アレクサンデルはショックだったでしょうね。

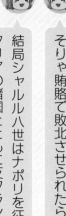

この時アレクサンデルは**六二歳**、ジュリアは**二〇歳**。

もっと早く別れろ! というか付き合うな!

シャルル八世の侵攻によって「**軍事力がないとヤバい**」と感じたアレクサンデルは、教会軍の強化と勢力拡大に乗り出す。一四九六年、息子の**フアン**を呼び出した。

フアンて誰だっけ?

フアン・ボルジア

ルクレツィアの四歳年上の兄が**フアン**だ。彼が輝かしい道を歩み始めたきっかけ、それは父アレクサンデルが若い時に作った長男ペドロの死だ。ペドロの後を継ぎ、フアンは**二代目ガンディア公**となり、ペドロの婚約者でスペイン王フェルディナンド二世の姪**マリア・エンリケス**も引き継ぐことになるのさ。一四九三年八月、一七歳のフアンは結婚のためスペインへと旅立った。マリアと結婚式をあげた**フアンは妻を放置して遊びまわった**が、さすがに一二月になるとフアンは妻とともに領地ガンディアに移った。アレクサンデルにもらったお金を**すぐに使い果たしながら**贅沢に暮らしたという。

すごくろくでもないけど大丈夫か。

そこから約二年後、シャルル八世の侵攻に懲りたアレクサンデルが軍事力を強化しようと思って、**フアンを呼び出すことになる。**

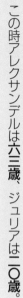

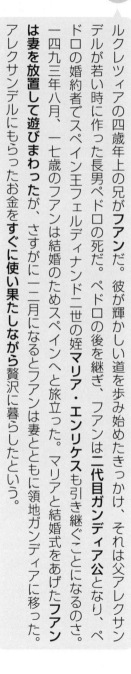

ここで呼び出すのね。

一四九六年、家族を領地のガンディアに残してローマへとやって来た。

家族と離れるのはつらいわねー。

ファン

退屈してたから、**ちょうどよかったー！**

ガンディアに帰れ。

真珠や宝石がちりばめられた褐色のビロード素材の衣服をまとったファンは、ローマ教会の要職として丁重に迎えられた。そして、彼は**教会軍総司令官**、そして**教会の旗手**となったのさ。

総司令官！　かっこいい！

父である教皇アレクサンデルからファンに元帥杖《げんすいじょう》と三種の旗が授けられた。こうしてファンは教会軍の、いやボルジア家がその勢力を伸ばすために戦う期待の星となった。かつての英雄カエサルが数々の勝利を収めて古代ローマを発展させたように、ボルジア家のために戦い栄誉をもたらすだろう……と。

ボルジア家のカエサル、それがファンなのね……！

初戦は対**オルシーニ一族**。彼らはローマ北部を支配し、教皇をも脅かす存在だったのさ。

さっそく戦うのね！　がんばってファン！

だが、一つ問題があった。

え？

ファンは軍事的な才能がなかったのさ。

根本的な問題！

ファンだけに不安になったアレクサンデルは、副将として**ウルビーノ公爵グイドバルド**をつけておいた。すると教皇軍が連勝するが、ウルビーノ公が負傷して前線を退くとファンは**どう命令していいかわからなくなった。**

どんな教会軍総司令官やねん。

オルシーニ一族の最後の城塞を破ることができず、結局は講和を結ぶことになる。父アレクサンデルとしては**だいぶ恥ずかしい結末**となったのさ。そこで、ファンは雪辱を晴らすためローマ南部を支配下に置く**反ボルジア派**との戦いに挑むことになる。

がんばれー！

連敗した……。

いやあ**才能ないー！**

父アレクサンデルはスペインの優秀な家臣であるゴンサロ・フェルナンデス・デ・コルドバ、そしてゴンサロの副将プロスペロ・コロンナに助けを求めた。この二人が入ったことにより巻き返し、**反ボルジア派に見事勝利**したのさ。

ファンが役に立ってない件。

勝利した教皇軍はローマへと戻り、市民たちから歓喜の声で迎えられた。だが、誰もがファンは**役に立ってないことを知っていた。**

やっぱりか。

ファンは**まったく気にせず**誇らしげだったという。

気にしろよ。何を誇ってんねん。

ナポリ王で子供がいなかったフェランディーノが亡くなり、伯父**フェデリーコ**が優位に立つと、王位継承を教皇アレクサンデルに認めてもらうため取引を持ちかけてきた。王位を認めてもらう代わりに、領地であるベネヴェントをアレクサンデルに譲渡するというのさ。そうしてアレクサンデルはベネヴェントを公国として独立させ、**ファンに与える**ことにした。

いいわね。

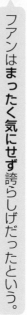

一四九七年の七月、ファンはナポリへ向かうことになった。軍事的才能はないファンだけど、その未来は輝いていた。ガンディア公であり、そしてベネヴェント公にもなる。領地をもらったことでナポリの重臣となり、王位継承が不安定な状況の中、いずれ**ナポリの王冠を手にするのも夢ではなかった。**

軍事的にも経験を積めば優秀な司令官になるかもしれないし、がんばってほしいわ。

ナポリへ発つ前月、ファンたち兄弟の母ヴァノッツァの屋敷に一家と、親しい人達が集まった。その帰り、ファンは気晴らしのために散策してくると言って侍従一人だけを連れ、夜の闇へ消えていったという。
翌日の午前中には、ヴァチカンではナポリ王の戴冠式へ向けて打ち合わせが行われる予定だった。
だが、**ファンが来なかった**んだ。

どうしたん?

父アレクサンデルの予想はこうだ。

アレクサンデル

娼婦の家に泊まって、そこから出るのを見られたくないから来れないんだろう。

予想がひどいな。

実際、**前にも同じことがあった。**

事実がひどい。

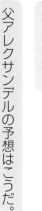

だが、夜になって娼婦の家から出られるようになってもファンは現れなかった。さすがに心配になり、親衛隊のスペイン兵たちがファンを探して走り回った。そして見つかったのは、**瀕死の侍従**だったんだ。

侍従!?

昨日、ファンと一緒にいた侍従だよ。理由を聞きだす前に侍従は亡くなってしまう。

悲しいわねー。で、でもそうなるとファンは無事なの!?

翌日のお昼。**河からファンの亡骸が見つかった**……。

いやああああ!!!

ファンは服を着たままで、財布も持ったままなので強盗ではなさそうだった。両手は縛られ、体には**九つの傷**があったという。

北斗神拳?

それは七つの傷だろ。北斗七星の形に傷がつくのは……って、**先生が解説入れてくださってるじゃねぇか!**　手間をかけさせるボケをするんじゃない!

先生：解説しておきましたよ。

先生ありがとうございます！

致命傷となったのは喉をえぐられた深い傷と思われた。財布も持ったままで、お金も入っていたことから強盗の類ではないだろう。この時フアンはまだ二〇歳。葬儀が行われると、人々は城からフアンの名を叫ぶアレクサンデルの悲痛な声を聞いたという。

うぅ、お父さん……。

アレクサンデルは三日間、食事も取らず、寝ることもしなかった。事件から五日後の枢機卿会議では憔悴した姿で現れたという。

つらいわね。

教会警察による捜査が続けられた。フアンと対立していた枢機卿や、**ウルビーノ公グイドバルド**も容疑者候補となった。フアンとともに戦い、敗戦の際にグイドバルドが捕らわれていたにもかかわらず**フアンが逃げたの**で恨みを持っているだろうと思われたのだ。

平松のワンポイント

【北斗神拳】
原哲夫先生の漫画『北斗の拳』・『蒼天の拳』に登場する中国より伝わる一子相伝の暗殺拳のことです。主な使い手にはケンシロウ・ラオウなどがいます。北斗七星を宿星としています。

ファンもひどいな。

さらに弟の**ホフレ**にも疑いがかけられた。

弟にまで?

ホフレの妻サンチャがファンと不倫していたから。

理由がひどすぎる。

どれも証拠はなく、犯人が見つかることはなかった。ファンが亡くなり、ボルジア家の期待は長男**チェーザレ・ボルジア**へと移ることになる……。

チェーザレ・ボルジア

アレクサンデルとヴァノッツァの長男、それが**チェーザレ・ボルジア**だ。ファンより一歳年上だよ。彼にくっついてたミラノのスパイはチェーザレのことを「**今世紀最も美しい男性**」と評したという。

スパイって容姿も評価してくるのね。

チェーザレはすらりとした長身。黒髪に黄褐色のヒゲ、強いまなざしには炎のような輝きを秘めていた。武芸に秀でており、どんな荒馬でも乗りこなす。そんな**大学生**だった。

大学生なの!?

チェーザレ・ボルジア。1475～。ボルジア家といえばこの人。多くの記録が、その美男子ぶりを示している。

父親が教皇になった時、チェーザレは既に父と同じ聖職の道に入ってスペインのパンプローナ司教の職についていた。さらに教皇となった父親の命令によりローマへ発つことになった時、チェーザレは**一七歳**になる直前だったのさ。

若いな。

チェーザレはさらにバレンシア大司教となり、年収は一万六千ドゥカートで何不自由なく贅沢な暮らしができた。大司教としての仕事は最小限におさめ、もっぱら肉体の鍛錬と大好きな狩りに明け暮れる。優秀な馬をわざわざマントヴァから取り寄せ、ドイツに使者を送って鷹を求めたりもしたという。彼の生活は聖職者というよりはルネサンス時代の君主って感じで**大学は中退**した。

ルネサンスの君主は大学を中退するのか。

大学の恩師を二人派遣してもらって勉強を続ける体制は整えたが、ろくに勉強はしなかった。そんなチェーザレをマントヴァ大使の夫婦はこう書いている。

大使
何事かを成すには、どうも**頭脳が適していない**。

大使の妻
学問と芸術の**素養が無い**。

この夫婦に嫌われてないか。

アレクサンデルは息子のチェーザレを第一の側近として宗教行事や外交に同行させた。チェーザレを各国の要人に紹介したり、重要書類を見せたりするうちにこんな噂が立ち始める。教皇は、バレンシア大司教（チェーザレ）に**緋《あけ》の衣《ころも》**を着けさせるつもりだ……と。

緋の衣？

枢機卿の代名詞だ。緋色の衣と帽子は枢機卿を意味するのさ。だが、カトリック教会において結婚している夫婦以外が子供を作ることはルール違反なので、聖職者が子供を作った場合、甥や姪だと偽るのが通例だった。アレクサンデルは例外で、息子だと認めていたんだけど、噂はあったものの**庶子**のチェーザレが**教皇に次ぐ枢機卿になるなどありえなかった**んだ。

つらいわねー。

平松のワンポイント

【ドゥカート】
ドゥカートとはドゥカート金貨のことで、一枚の重さは 3.5g でした。
とするとチェーザレの年収がいかに多かったかがわかりますね。

だがアレクサンデルはチェーザレを、ヴァノッツァと前の夫ドメニコ・ダリニャーノの間の嫡子であるという教書を出した。一方で極秘の教書として自分の子であるという矛盾したものも出していたんだけどね。これによりチェーザレは嫡子扱いとなり、**バレンシア枢機卿（カルディナーレ・バレンティーノ）**となったのさ。

チェーザレが枢機卿になったー！

そう。一八歳になったばかりのチェーザレは、不可能だと思われていた**緋の衣を身にまとった**んだ。

おめでとうー！

緋の衣を身に着けた彼を、フィレンツェ大使はこう評している。

大使

さまになっていない。

なってないんかい！

まだ一八歳の若者だからな。チェーザレは緋色のマントを翻しながらさっそうと歩くのを好んだ。古代ローマの英雄**カエサル**になったつもりだったのかもしれない。

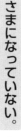

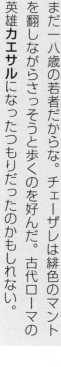

その様子を見てフィレンツェ大使はどう思う？

大使
さまになっていない。

何回も言わさんでいい！ 弟のファンがローマに呼ばれた時、華やかで豪華なファンの陰にチェーザレはかすんでいた。ファンが教会軍総司令官になった時、元帥杖などをアレクサンデルから受け取り、ファンに手渡す役をやっていたのもチェーザレだったのさ。モデナ司教は彼についてこう語っている。

司教
彼（チェーザレ）は私をとても親しげに扱ってくれました。きわめて才気にあふれ、傑出しており、そして愛想が良い。物腰はいかにも有力者の御子息といった感じで、性格は陽気。しかも謙虚です。その態度は弟の**ガンディア公ファンに比べてはるかに立派であり、好ましいものです。**

めっちゃ褒めるわね。

ああ。だがチェーザレには限界があった。それは、彼が庶子であるが故に、枢機卿にはなれても決して教皇の冠を頭上に乗せることはできない。既にガンディア公国の君主であるファンとは違い、緋の衣という鎖に縛られたチェーザレにはここが限界だった。

枢機卿の地位は高いとはいえ、そこが限界なのね……。

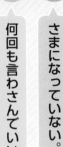

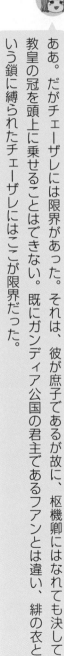

ファンがベネヴェント公となるべくナポリへ向かう際、チェーザレはナポリ王の戴冠式のために教皇大使として一緒に行く予定だった。だが、その矢先に**ファンは突然、命を落とした。そうなるとファンの地位が回ってくるのは**……。

あ……！

そう、人々がファン殺害事件の数か月後、犯人として噂を始めた人物。それが……。

チェーザレ!!

人々
末弟の妻**サンチャを、ファンとチェーザレが取り合っていたゆえの愛憎劇なのでは？**

いや**疑う理由それかよ！**

人々
もしくは、ファンに対して**チェーザレが嫉妬していた**のでは？

そっちでしょ！

父アレクサンデルはファン殺害事件の捜査を**不自然に打ち切ってしまった**。フィレンツェの使者ブラッチの報告によると、アレクサンデルは事件のあらゆる情報を知っていたが、それを明かすことは望まなかった。理由は、**犯人が重要な人物**だから。

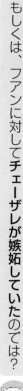

アレクサンデル

私は**犯人が誰かを知っている。**

そう言っていたという。

犯人チェーザレやん。

きっとファンが教皇軍総司令官に任命された時も、その彼に元帥杖や旗を授けていた時も、チェーザレの心は、**ファンへの嫉妬で狂っていた**のだろう。

そうだったのね……。

チェーザレはナポリ王の戴冠式へ向かい、そこでファンが貰うはずだったベネヴェントの地を譲り受けた。同時にナポリの重臣となったチェーザレはいずれ、**ナポリの王冠を手にすることを思い描いた**だろう。

新しい王の戴冠式に行ったのに、**お前が王冠狙ってどうする。**

教皇特使だからチェーザレがナポリ王に王冠を授けたかもしれない。内心は**王冠を奪ってやろうと思いながら。**

どんな教皇大使やねん。

チェーザレはナポリで体調を崩した。

やっぱり弟を手にかけた後悔の念で心労がたまっていたのね……。

フランス病だよ。

私の心配を返せ。

チェーザレを介抱したのは、戴冠式に出席するためナポリを訪れていた弟ホフレの妻サンチャだ。

サンチャちゃん優しい。

ナポリの新王フェデリーコの戴冠を終え、ローマに帰ったチェーザレを父アレクサンデルは抱擁こそしたものの、**まったく言葉をかけることはなかった**という。

やっぱり息子とはいえ許せない気持ちがあったのかしら。つらかったでしょうね。

一方、チェーザレはフランス病から回復したのでローマの**娼婦と遊んでいた。**

お父さんの気持ちも考えろ！

チェーザレにはフィアンメッタという愛人がいたといわれるが、彼は詳しい女性関係を隠すタイプだったのでよくわかっていない。何人か庶子がいたが母親は誰なのか知られていないのさ。

そんなところが父親似かよ。

俗人のチェーザレ

ファンの死から一年後、アレクサンデルが枢機卿会議を召集し、チェーザレに発言を求めた。彼は静かに立ち上がると、ハッキリとこう述べたのさ。

チェーザレ 私はこれが天職だとは思ったことがない。**父上の御希望だけが、私を聖職に引き留めていたのです。**

どういうこと?

俗世に降りるという宣言だ。つまりバレンシア大司教の座も、緋の衣をまとった枢機卿という**地位も名誉も、捨てようとしているのさ。**

ええ!? やっぱりナポリの王冠を狙ったり、すごいことをしたいからってことね。

チェーザレ 聖職を捨てて**結婚したいのです。**

理由が浅かったー!

結婚だけのわけないだろ、チェーザレはどんだけ結婚に憧れるんだ。まぁ政略結婚したがっていたのは事実だけどね。父であり教皇アレクサンデルも彼の決意を認めていた。ファンの命を奪った彼を許せない気持ちもあったかもしれないが、**チェーザレもまた愛する息子**だということから逃げはしなかったのさ。

慈悲深くていいお父さんだわ。

チェーザレの名はイタリア語読みだが、これをラテン語読みすると「**カエサル**」。古代ローマの英雄**ユリウス・カエサル**にちなんでいる。

え、同じ名前だったのかぁ。

ああ。**ボルジア家のカエサルはファンではない。最初からチェーザレだった**のだ。

ファンの立場がない！

まずはナポリ、いやイタリア全土を統一し、**自らが王として君臨する野望を描いていた**。まだ**イタリアという国名もない時代**の、果てしない夢に向けて動き出そうとしていたのさ。その実現の第一歩がナポリと関係を深めることだった。ここから彼の、父アレクサンデルとの二人三脚の戦いが始まる。

がんばれー！

チェーザレは現ナポリ王**フェデリーコ二世**の嫡子**カルロッタ**との結婚を画策していた。そのために妹ルクレツィアをナポリ王家のビシェリエ公に嫁がせていたのだ。しかし、縁談を持ち掛けた時のチェーザレはまだ結婚禁止の枢機卿だったので、カルロッタにとっては**愛人になれ**と言われてるのと同じであり、断られた。

さっそくフラれてるやん。

チェーザレはフランスとも交流を深めていた。シャルル八世のイタリア侵攻以来、関係が遠のいていたフランスだったが、そのシャルルがうっかり**城の柱に頭をぶつけて亡くなった**ので変化が訪れていた。

死因の癖が強いな。

シャルルは子供を早くに亡くして跡継ぎがいなかったので、遠縁の**ルイ一二世**がフランス王となった。ルイ一二世は王になるとすぐ、妻のジャンヌと**離婚**を考えた。

王になって**最初にやりたいこと**が離婚か！

前王シャルル八世の妻だったアンヌ・ド・ブリュターニュと再婚したかったのだ。

しかも前王の妻かよ。

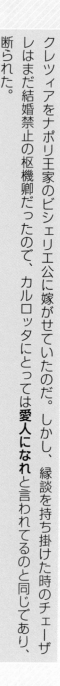

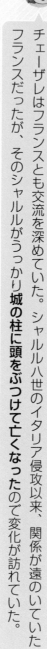

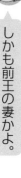

アンヌはブルターニュ公国の女相続人だったから、結婚すればその公国が手に入る。しかし、離婚禁止のカトリックだから前の結婚を無効にするための**教皇の許可**が必要だった。そこでアレクサンデルはルイの結婚を無効にする見返りとしてフランスの持つ領土と、ナポリ王女カルロッタとチェーザレの結婚を要求し、ルイも承諾した。

カルロッタちゃんは**イヤがってるのに。**

協約の中にはルイがチェーザレに軍事的支援をすることも含まれていたのさ。こうして下準備もバッチリ、俗世に降りたチェーザレは一四九八年一〇月一日、フランスに向けて出発した。彼がイタリアを出るのはこれが初めてだったという。

大はしゃぎだったでしょうね。

子供かよ、**二三歳**だぞ。フランスへの準備資金として、亡くなった枢機卿の**財産を没収**したり、必要なくなった**聖職の地位を売りさばいたり**した。

こいつを**俗世に降りさせるんじゃなかった。**

貴族や従者、馬丁、楽師など百人あまりが随員としてチェーザレに従った。その中には**ミケーレ・ダ・コレーリア**、通称**ドン・ミケロット**も含まれていたよ。

誰？

チェーザレの友人にして、最も忠実な側近と言われる人物だ。ピサ大学では一緒に学んでいたという説もある。アレクサンデルはバルコニーから身を乗り出しながら息子の門出を見送り、チェーザレは上質な黒いビロードのマントを翻し、同じくビロードのふちなし帽。そこには白い羽がついており、下半身は**黒いタイツ**。

ださ！

やめなさい。一か月以上の船旅を終え、一行はフランスに着いた。アヴィニョンで彼らを迎えたのは**ローヴェレ枢機卿**だった。かつてシャルル八世についていた宿敵だが、ルイの仲介で仲直りが成立していた。

本心ではまだゴリゴリに憎んでそう。

しばらく滞在した後、一行はヴァランスへ向かった。ここはチェーザレがルイから与えられた領土であり、イタリア読みだと**ヴァレンティーノ**。かつてヴァレンティーノ大司教だったチェーザレは、**ヴァレンティーノ公爵**となったのさ。一行を見た人々はチェーザレの堂々とした風采にうっとりしたという。

かっこよかったのね。

城でチェーザレたちを迎えたルイは、豪華さに**度肝を抜かれた**という。

フランス王も度肝抜かれるのかよ。

チェーザレは教皇に行うのと同じように、ルイの**足に接吻しようとしたが**止められ、手に行ったという。

いきなり足を狙われて戸惑ったのかもしれないし、足が臭かったのかもしれない。

その二〇日後、ルイはアンヌと結婚式を挙げた。ルイはナポリ王女カルロッタとチェーザレの結婚を後押ししていたが、ナポリ側の承諾が出なかったんでチェーザレも**ナポリを諦めた**。

え、諦めちゃうの！？

代わりにロマーニャとトスカーナ地方を狙うことにしたよ。ナポリ王子のビシェリエ公とルクレツィアを**結婚させた意味がなくなってしまった**が、チェーザレは**気にしなかった**という。

ルクレツィアちゃんの人生を何やと思っててんねん！

カルロッタとの結婚話は無くなったが、ルイはチェーザレに花嫁を用意する約束をしていたので別の女性が選ばれた。それがナヴァーラ王の妹**シャルロット・ダルブレ**だ。ナヴァーラ王室は他国の王室とも縁戚関係があり、カルロッタ以上のよい縁談だった。

チェーザレの結婚

一四九九年、チェーザレとシャルロットは結婚式をあげた。この時チェーザレは二四歳、シャルロットは一九歳だ。

おめでとうー！

その初夜は、**証人**としてフランス王ルイもいた。

いらんわ証人。

しょうがないだろこの時代なんだから。父アレクサンデルに送られた報告によると、

チェーザレ

私は八回の旅をした。

なんのこと？

みるくにはまだ早い。

こねこ扱いしないでよおお！！

はい猫缶。

にゃー。

ルイが教皇に送った手紙でも、

ルイ十二世：ヴァレンティーノ公爵（チェーザレ）は**八戦交えた。**

数えるな。

ルイ十二世：食前に二戦、床についてから六戦、計八戦だ。

この人、ずっと横におったんかな。

ルイ十二世：私とアンヌの時は**四戦交えただけなのに。**

お前の回数聞いてない。

ルイ十二世：**何の報告やねん。**

アレクサンデル：教皇アレクサンデルもそう思ったことだろう。

教皇に**どんな手紙を送ってるのよ。**

ちなみにチェーザレの妻シャルロットはアレクサンデルに、

シャルロット：**夫には心から満足しています。**

と書き送っている。

アレクサンデルにめっちゃ手紙来るわね。

チェーザレの八戦は宮廷でも話題になり、**あまりにも自慢げ**だったことから、本当は薬剤師が催淫剤と間違えて下剤を渡してチェーザレは一晩中**トイレに通い続けていた**のではと噂になった。

トイレに八回旅をしたのかもしれない。

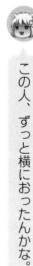

結婚式後、チェーザレはフランス王家と**養子縁組**をして、ここから彼は**チェーザレ・ボルジア・ディ・フランチア**となる。そして、フランスとともに戦うこととなった。出発前に数日間、妻とのわずかな日々を送った。こうしてチェーザレは**妊娠中の妻**を残して出発し、のちに娘の**ルイーズ**が生まれる。

子供できてたー！

さすが八回の男。いやなんでもない。ルイはまずミラノ、次いでナポリを征服しようとしていた。ボルジア家やその同盟者はルイに協力し、チェーザレがイタリアで行動を起こす時はルイが協力する。父である教皇アレクサンデルも、ナポリ派からすっかり親仏になったので、ナポリのスフォルツァ家に対し、

アレクサンデル

スフォルツァ家は**全員、滅びればいいのに。**

そんな教皇イヤやわ！

ブラボー
私より4回多かったです
ルイ
アレクサンデル六世
何の報告やねん
だがさすが私の息子
何の回数？
みるくにはまだ早い
こねこ扱いしないでよー

ミラノ軍との戦いはすぐに決着がついた。チェーザレは**特に何もすることがない**ほどだったという。

始動する野望

ルイのミラノ戦がひとまず終わったので、次は**チェーザレが動き出す番**だ。

いよいよね！

チェーザレが自ら軍を率いて戦うのはこれが初めてだ。

ファンよりも才能ゼロだったらどうしよう。

何のためにファンの命を奪ったんだ！　チェーザレの初目標はイタリア中部のロマーニャ地方。ここはローマ教皇領とされているんだが、小僭主たちが教会から教皇代理に任命され、それぞれ地方の治政をまかされていただけなのに独立国家体制を確立してしまった。中でも特に厄介なのが**オルシーニ**や**コロンナ**の一族だったよ。教会の権威を回復し、彼ら**小僭主から教皇領を取り戻す**。これがチェーザレの大義名分だった。

実際は？

チェーザレ

ロマーニャ地方を征服して自分のものにしたい！　いずれ全土を統一してイタリアの王になるうう！

言わすな！　**せっかく大義名分があるのに！**

教会軍総司令官

チェーザレは才能ゼロではなかった。**イーモラ**と**フォルリ**を次々と征服し、領民の心をつかむための心配りも忘れない。兵士には略奪を禁止し、違反したら処刑。領民からの苦情も聞き入れた。

いい領主なのね。

そうして一五〇〇年三月二九日、チェーザレは**教会軍総司令官**、そして**教会の騎手**となった。サン・ピエトロ大聖堂で父から授けられた元帥杖と旗は、かつて弟フアンに与えられたものだったのさ。

チェーザレが嫉妬に狂いながら弟に手渡していたであろう物が、ついに自分のものになったのね……。

ああ。儀式では玉座に座った父アレクサンデルの前にチェーザレがひざまずき、**父の両足と右手に接吻**。

そういう試練があるのか。

どんな試練だ。アレクサンデルは息子を立たせるとその腕に抱きしめ、**口に接吻する**。

もうやめてあげて。

一五〇〇年、二五歳となったチェーザレは数々の勝利の栄誉と、イタリアおよびフランスでも公爵であり、人々の羨望《せんぼう》を集めていた。一方、六九歳のアレクサンデルは体力が衰え、儀式の最中に**ときどき失神**した。

大丈夫か。

チェーザレは力強い後ろ盾である父親に何かあった時のために備えておかないといけない。そうして側近のミケロットに命じ、敵対しているナポリの王族である**ビシェリエ公を葬る**。

犯人、チェーザレやったんか！　ビシェリエ公の妻だったルクレツィアちゃんが可哀そうすぎる！

仕方ないよ、チェーザレは自分の野望のためなら道徳心も良心も、モラルも持たない男なのさ。

持てよ一個ぐらい！

ビシェリエ公が殺された一五〇〇年の夏は、アレクサンデルの体調が**すこぶるよくなった**。大使の記録によると、

大使

もうすぐ七〇歳の教皇はどんどん若返っている。生まれつき陽気な性格ですべてを良い方向に向かわせ

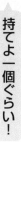

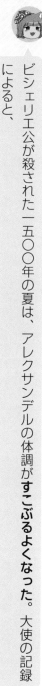

られる。唯一の思いは、息子のことである。

アレクサンデルはチェーザレのためには何も惜しまなかった。大金を与えるために**聖職の地位を売りさばく**こともあった。

方法がひどい。

例えば新しい枢機卿を任命すると、その相手はお金を払わなければならない。そのために多くの枢機卿を任命した。

ひどい気もするけど枢機卿って名誉あるし、お金を払ってでもなりたい人は大勢いるわよね。私もなりたいわ。

新枢機卿は儀式として教皇の足と口に接吻する。

やっぱりやめとくわ。

進撃のチェーザレ

チェーザレは続いて**ペーザロ**を攻略。ここの領主は**ペーザロ伯**でルクレツィアの最初の夫だったが、逃亡したのであっさり征服できた。

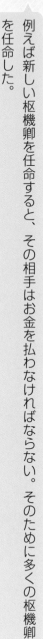

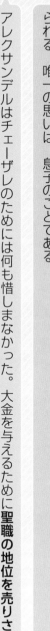

ペーザロ伯弱いんかよ。

続いて**リミニ**、**ファエンツァ**、**エルバ島**や**ピアノーザ島**、そしてフィレンツェ共和国の支配下にある**アレッツォ**と**ピサ**も征服。フィレンツェ自体はフランスの保護下にあったのでチェーザレに傭兵契約料を払うなどの講和を結ぶにとどまった。

すごいわねー。

チェーザレ軍の傭兵隊長**ヴィテロッツォ・ヴィッテリ**の弟はかつてフィレンツェの傭兵隊長だったんだが、裏切り者の汚名を着せられて処刑されていた。**復讐に燃えるヴィテロッツォ**にアレッツォの占拠を任せたという。

なんか怖いな。

続く**ウルビーノ公国**は小さい国で、領主の**ウルビーノ公グイドバルド**はかつてファンとともに戦ったり、チェーザレの傭兵隊長をしていたこともある。

チェーザレのところで働いていたなら仲間だし、仲間の国を征服なんてできないわね。

チェーザレ軍は、**ウルビーノ公国を包囲した。**

容赦ないーー!

グイドバルドは家族を連れ、農夫に変装して逃亡した。**痛風**なのでつらかったという。こうしてチェーザレはウルビーノ公国まで手に入れたのさ。

破竹の勢いすぎる!

対カメリーノ戦

チェーザレの快進撃に、近隣諸国は**ビビりちらかした**。

もはや**ちらかしている**。

カメリーノはチェーザレが包囲したら降伏した。

もう**向こうのほうから降伏してくる**のね。

ただ、ここの支配者であるヴァラーノは民衆から全然人気がなかったことから**絞殺**された。息子たちも投獄されたよ。

人気ないからって殺すことないでしょ!

おそらく命を奪ったのは側近のミケロットだろう。彼は**存在しているだけで誰かが死ぬ**と言われるぐらい恐れられていたんだ。

怖すぎるやろ。

こうしてチェーザレが手に入れた領地はフィレンツェを取り囲み、もはや**フィレンツェ包囲網**と化していた。チェーザレはフィレンツェに対し、傭兵隊長料を払うなどの協定を守ることを要求。

まだ実施されてなかったのね。

慌てたフィレンツェは特使を派遣した。それが**ソデリーニ司教**と、**政府書記官ニッコロ・マキャヴェリ**だ。六月二四日、二人の特使とチェーザレはウルビーノの城で会い、チェーザレは講和で決められた協定を履行しようとしないフィレンツェの態度をたしなめた。

ニッコロ・マキャヴェリ。1469〜。フィレンツェ共和国の政治家。

チェーザレ

ヴィテロッツォのアレッツォ侵攻は自分の指示ではなく責任はないが、武人に対して約束を守らないことはどんなに危険であるかをフィレンツェに示している。

フィレンツェは、アレッツォを占拠するヴィテロッツォをなんとかしてほしかったんだ。

まだアレッツォにいたのかよ。

平松のワンポイント

【マキャヴェリ】
ルネサンス期のフィレンツェにおいて政治・外交面で活躍し、『君主論』を執筆した。君主は「ライオンのような勇猛さと狐のような狡猾さ」が必要であると説き、権謀術数が政治の本質であると述べた。

チェーザレ

私の戦いはこの国で暴政をするためではない。**暴政者を駆逐するためだ。**

かっこええ。

なにかと怒られたソデリーニとマキャヴェリだが、チェーザレについて、

ソデリーニ
マキャヴェリ

彼は見事で、素晴らしい。栄光と権力のためなら休息を知らない。**疲れも危険も知らない。**

何も知らんやん。

ソデリーニ
マキャヴェリ

兵士の扱いを心得ており、最良の軍隊を持つ。さらに秀逸な論理ができ、彼との論議で何かを勝ち取るのは大変である。私たちの間に姑息な解決はできない。敵か味方か、どちらかである。

マキャヴェリは報告と指示を仰ぐためフィレンツェに戻り、ソデリーニはチェーザレのもとに残った。

めちゃくちゃ気まずいでしょうね。

なんで二人きりなんだ。マキャヴェリが帰るとフィレンツェは、傭兵料を値切った上で支払うことにした。その見返りとして、アレッツォの城塞を占拠しているヴィテロッツォに撤退してもらうよう求めた。そして、この頃にチェーザレのもとを、**レオナルド・ダ・ヴィンチが訪ねている。**

ダ・ヴィンチ!?　あの画家の!?

画家のイメージが強いが、彼はとても優秀な技師でもあるんだ。町や道路の整備をしたり、運河をひいたり。ダ・ヴィンチの壮大な国土計画を実現するには**強大な君主の存在が必要だった**。その君主こそがチェーザレだと彼は思ったのさ。

そうだったのね！　すごいわーー！

チェーザレも征服地を整備するためダ・ヴィンチの才能が必要だった。利害が完全に一致し、彼を建築技術総監督に任命している。

マジョーネの乱

チェーザレの次の目的地は**ボローニャ**だ。だが、うまくいかなかった。

用事できたん？

そうじゃねぇよ。**チェーザレの部下が、反乱を起こしたんだ**……。

おおおおーーーい！！！　忠実な**ドン・ミケロット**が反乱起こすなんて！

さすがに**ミケロットは加わってない！**　チェーザレ軍の傭兵隊長はみんな小国の僭主だったんだ。小国を次々と征服するチェーザレを見て「**次は自分の番では**」と思うのは仕方ないだろう。既に、かつて傭兵隊長だったグイドバルドが領国ウルビーノを征服されて、痛風なのに逃亡を余儀なくされていただろ。

傭兵隊長だった時も痛風だったのかしら。

反乱者たちは小国ペルージアのマジョーネという村で会合を開いていたので、「**マジョーネの乱**」と呼ばれる。ここから**三か月間に及ぶドラマが始まった。**

ワンクールやん。ちょうどいい。

さぁ、では**反乱を起こした傭兵隊長の首謀者たちを紹介しよう。**

私ね。

お前もかよ。まずは、**ヴィテロッツォ**だ。

ヴィテロッツォ!? 復讐したがってた人ね。今度はマジョーネの乱に燃えてるやん。

彼は優れた軍人であり、ヴィテロッツォの部隊は**チェーザレ軍の中で最も優秀**だったという。ただ、アレッツォからも撤退させられたし、フィレンツェへの燃える復讐心をチェーザレが満たしてくれないから我慢ならなくなったといわれる。

チェーザレに燃え移ってしまった。

ちなみに、ヴィテロッツォは**フランス病が悪化したんで、**マジョーネにはかごで運ばれてきた。

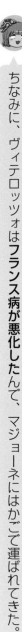

役に立たなさそう！

続いては**パオロ・オルシーニとフランチェースコ・オルシーニ**。オルシーニ家はかつてボルジアの敵だったが傭兵隊長としてチェーザレ軍に加わったことで敵認定されなくなっていて、ローマには枢機卿となったオルシーニ一族もいる。しかし、それもいつまで続くかわからない。そして、**ジャンパオロ・バリオーニ**。小国ペルージアの僭主だが、明らかに**チェーザレがペルージアを狙ってた**から反乱に加わった。

そりゃ仕方ないわ。チェーザレもよく部下の国を狙えるわね、そりゃ反乱起こされるわよ！

バリオーニも**フランス病だったんでかごで運ばれてきた**。

そんな奴ばっかりで大丈夫かよ！

他にも**オリヴェロット・ダ・フェルモ**。小国フェルモの僭主だ。反乱に加わったのは、**ヴィテロッツォと仲良しだから**。

参加理由が単純！

主な傭兵隊長は以上だ。この人たちに加え、彼らに賛同したシエナの僭主**パンドルフォ・ペトゥルリッチ**の代理**アントニオ・ダ・ヴェナフロなどがいる**。

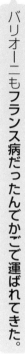

知らん人に知らん人の代理をされてもなぁ。

この反乱によってフィレンツェ共和国は微妙な立場に立たされた。ずっとチェーザレを恐れてきたが、反乱軍には**フィレンツェへの復讐心にとりつかれたヴィテロッツォがいる。**

どっちが勝っても地獄！

フィレンツェは中立の立場を取るしかなく、チェーザレのもとに特使を送ることにした。選ばれたのが三三歳の優秀な外交官、**マキャヴェリ**だった。

前にもチェーザレに会ってたわね。

マキャヴェリとレオナルド・ダ・ヴィンチ。**二人の偉人がチェーザレのそばにいたのさ。**

すごい状況！

マキャヴェリがマジョーネの乱について尋ねると、

チェーザレ

謀反にはじゅうぶん対処できる。

だいぶ怒ってそう。

反乱が始まって一〇日ほどのうちに、ロマーニャ公国のうち**半分は反乱軍に持っていかれた**。

対処できてないやん。

チェーザレは次々と敗戦の知らせを受け取りながら、軍備の増強に資金をつぎ込んだ。父親のアレクサンデルを通じて**教会のお金**を使い込めるからね。

一回バチ当たれよ。

マキャヴェリによると軍は歩兵が五千三百五十、スイス兵三千や、ルイの支援であるフランス兵が二千など充実していた。騎兵隊や砲兵隊など火力も強い。そのため、人々が考えるより状況は悪くなかった。

協定

やがて状況はチェーザレへと傾き始めた。反乱軍を支援していたヴェネツィア共和国のところに**ルイ一二世**が手紙を送ったのさ。

ルイが？

チェーザレは教皇の息子であり、教皇に反する行動を取るならヴェネツィアを敵とみなす、と。この一通でヴェネツィアは反乱軍へ支援をやめ、行き詰まった乱の参加者はチェーザレとの和睦へと動き始め、チェーザレは彼らに有利な条件で和睦に応じる姿勢を見せる。これにマキャヴェリは驚くが、チェーザレは協定など問題にならないと答えている。

チェーザレ

私は、**自分の時が来るのを待っている。**

は？

準備を整えながら、最適なタイミングを見計らってるんじゃないか。かっこいいセリフだろう。

私は反乱軍の一員だから。

ほんとに入る気だったのかよ。そして、ついにやって来た。チェーザレの言っていた「**自分の時**」が。

チェーザレの「時」

反乱メンバーの持つ国はそのままに、ロマーニャ公国は再びチェーザレのもとに戻った。傭兵隊長たちはチェーザレの報復を恐れていたが、チェーザレがフランス兵たちを解雇して軍を減らしたことで安心感が生まれる。だが、**彼らは知らなかった。**

え？

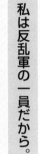

チェーザレがいつでも**一万三千の兵を集められる**ことを……。

ぎゃー！

フランス兵を帰したのは、彼らを油断させるためだったのさ。チェーザレは和睦した傭兵隊長たちに、いくつかの都市を再征服するよう頼んだ。その中のシニガリアの城塞の一つがチェーザレ本人にしか城を明け渡さないと言い張ったので、チェーザレと傭兵隊長たちは**シニガリアで再会**することになる。

ついに再会するのね！

再会は和やかだった。チェーザレはとても愛想よく接し、大広場では**パレード**が行われた。

和やかどころか楽しそう！

チェーザレが滞在する場所としてミケロットが館を用意しており、傭兵隊長たちを招き入れる。だが、同時に裏口からチェーザレの**兵士が中に入っていた。**

え？

隊長たちは捕らえられた。ヴィテロッツォとオリヴェロットは……、

ど、どうなるの!?

ミケロットに絞殺された……。

絞殺なんか！　そこは剣とかじゃないのね！

ヴィテロッツォは死ぬ前、魂の救済を教皇に頼んでくれるよう懇願していたという。オリヴェロットは屈辱的な死を避けるため、先に**短剣で自らの胸を貫いていた**。

さっきまで**パレードしてたのに**……。彼らにとっては剣で亡くなった方がよかったのね。あえて絞殺にしたのか……。

一五〇二年、**一二月三一日**のことだったよ。

大晦日で紅白も観ずに何やってんねん！

外では隊長たちの軍が、チェーザレ軍に倒されていた。チェーザレには少数の兵士しかいないと思われていたが、実は一万三千の兵士を小部隊に分けて進ませていたのさ。

巧みだわー。

オルシーニ家の二人は、ローマにいるオルシーニ枢機卿が教皇によって逮捕されるのを確認するまでは生かされたが、翌年の一月一八日に絞殺された。

うぅ、裏切り者たちはやっぱりみんな処刑されちゃったか……。

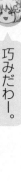

しかし、傭兵隊長の一人ジャンパオロ・バリオーニはシニガリアに不参加だったから**逃亡に成功**している。

運がいいな！

ちなみに、傭兵隊長たちの領国には手を出さなかった。フランスを含め諸外国からの批判を避けるためだ。

反乱の終わり

反乱を終結させ、チェーザレはマキャヴェリと一緒に喜んだという。

フィレンツェへの復讐に燃えるヴィテロッツォがいなくなったからマキャヴェリもうれしいのね。

苛烈でありながら、常に冷静さを忘れず状況を見定める。恐ろしいほど冷酷で優秀なチェーザレの姿は、**いつだってマキャヴェリに勝利を確信させた。**マジョーネの乱の序盤、**次々と敗戦の知らせが届いたその時でさえも。**

すごいわねー。

オルシーニ家の財産押収は弟の**ホフレがうまくできなかったので**、チェーザレが代わりに行っている。

ホフレと交替したの、チェーザレだったんかい!

フィレンツェを除きイタリア半島の中部をほぼ手中におさめたチェーザレは、南部へと目を向けた。しかし、それには**フランス王ルイの干渉が避けられない**。それは**彼がフランスから独立する時がやってきたことを示し**、代わりにもう一つの大国、**スペイン**と手を組むことにしたのさ。スペインで育った父アレクサンデルはチェーザレの判断に大喜び、あからさまに**フランス王ルイに冷たくなった**という。

正直すぎるやろ。

チェーザレの未来は輝いていた。自軍の旗に書かれた彼のモットーは「**Aut Caesar aut nihil（皇帝か、死か）**」。権力と名声に対する大きな野心を隠さないこの言葉は、**着実に現実のものへと近づいていたのさ。**

教皇の死

一五〇三年の夏。チェーザレ二七歳、父アレクサンデル六世は七二歳。**突然、悲劇は幕を開けた。**

え!?

ローマで**マラリアが猛威を振るった**のだ。

マラリア!?

マラリア原虫を持った蚊に刺されることで感染し発熱や頭痛、嘔吐などを引き起こす。この時は特に**悪性のマラリア**だったという。枢機卿や各国の大使など逃げられる者は次々とローマを離れていった。

チェーザレたちもお金持ちなんだから早く逃げなさいよ！ **大阪とか兵庫**に来たらいいわよ！

関西に行ければいいけどな。教皇選出記念日とかお祝い事があったから行けない。

祝ってる場合か！

不吉な予感はあった。八月、かなりの肥満だったモンレアーレ枢機卿もマラリアで亡くなると、

アレクサンデル

太っている者には不吉だ。

と、心配していた。

太ましい自覚あるんやな。

そんな中、アレクサンデルとチェーザレの親子は**夕食会に参加。**

のんきか。

八月五日、枢機卿のぶどう園で豪華に開かれた。そして一二日……**教皇アレクサンデルが高熱に倒れた。**

言わんこっちゃない――！

アレクサンデルは高熱と吐き気に襲われ、症状からマラリアだと思われる。

チェーザレは心配したでしょうね、大事なお父さんだもの。

翌日、チェーザレもマラリアで倒れた。

おおおお――――い！！

伝承によると、チェーザレやアレクサンデルが枢機卿を殺すために用意していた**毒**を、間違って自分で飲んでしまったといわれていた。

何してんねん。

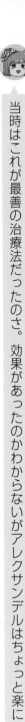

だが、現在では否定的だ。ボルジア家は「**カンタレラ**」という毒薬を使っていたという伝説があるが、実際の史実では証拠がない。症状はマラリアのものだったし、夕食会の出席者はみんな倒れたというから夕食会場に**蚊が飛んでいた**のだろう。

蚊取り線香があれば！　当時、あの**うずまき**があれば予防できたのに……！

高熱で動けないアレクサンデルは、治療法として**血を抜かれた。**

なんで!?

当時はこれが最善の治療法だったのさ。効果があったのかわからないがアレクサンデルはちょっと楽になって、枢機卿を枕元に呼んで**トランプ**に誘っている。

私も参加するわ。

回復しそうに見えたが八月一七日に悪化。だが彼は、子供たちに会おうとはしなかった。

チェーザレもマラリアだものね。

そうじゃない。キリスト教のことよりも子供たちを優先して生きてきたことへの贖罪の気持ちがあったのかもしれない。

仕方ないわよ、お父さんだもの……。

そうして翌日の一五〇三年八月一八日、教皇アレクサンデル六世は**七二年の生涯を閉じた**。

アレクサンデルー！　うぅ、ほんとに**太っている人に不吉な月**だったやん……！

教皇だというのに、マラリアの混乱のせいか通夜もできないし、追悼もできなかった。

何もできへんやん。

どうにかサン・ピエトロ大聖堂の主祭壇の手すりの後ろで、担架に乗せられて安置された。夏なので腐敗が進み、黒くなって膨張し、舌が口から出ていた。**腐敗が止まらない**ので、臨時で教会に埋葬が決定。なんとか六人で遺体を運んで棺に入れようとするが、棺が小さすぎたので**大工の助け**を呼んだ。

大工さんに急いで大きい棺を作ってもらうのね。

みんなで押し込んだ。

力ずくかよ！

こうして一人の僧侶も立ち会うことなく、アレクサンデルは埋葬された。

教皇なのに扱いが雑すぎて悲しい。

葬儀は翌月にちゃんと数日にわたって行われているよ。賄賂で教皇となったアレクサンデル六世だが、民衆からも支持された。その理由は彼が寛大で有能な聖職者で困窮していた財政を立て直し、愛する息子チェーザレの後ろ盾として活躍したから。女癖は悪かったけど子供たちへの愛情は本物だった。たとえ息子の一人、**ファンの命を奪ったのがチェーザレだったとしても**……。

いろいろ辛い思いも抱えていたでしょうね。それでも優秀な教皇であり、チェーザレを支える優しい父として生き抜いたなんてすごいわ。天国ではファンに再会して、**ピウス二世に怒られてるといいわね。**

まだピウス二世はいかがわしいパーティーに怒っているのか。

チェーザレの病状

アレクサンデルが棺桶に押し込まれている中、チェーザレもまたマラリアで瀕死だった。

どっちも状況ひどいな。

暴れるのでミケロットに押さえつけられて血を抜かれたという。

トランプしましょ。

血を抜いたらトランプしたがると思うな。暴れるのと、ほぼ意識を失うのを交互に繰り返していた。誰が見てもアレクサンデルより**チェーザレのほうが重症だった。**

えー! アレクサンデルは亡くなっちゃうのに!

父親の死が伝えられたが、**チェーザレも瀕死なので**起き上がれなかったという。マキャヴェリによると、チェーザレは父が死んだ後のこともちゃんと考えていた。だが、まさかアレクサンデルが亡くなった時、**チェーザレ自身も死の淵にいる**とは予想していなかったのだ。

でしょうね。

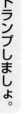

今の自分の地位があるのは教皇である父の後ろ盾があるからこそ、というのはチェーザレ自身もよくわかっていた。教皇の死後というのは彼の**正念場**だったのさ。

教皇が死んで正念場なのか、**マラリアで生死が正念場**なのか……。

まずチェーザレは教皇の宮殿を暴徒の略奪から守る命令を出した。警備の指揮はミケロット。貴重品を全てチェーザレの病室付近に集めさせ、それから教皇の死が発表された。全部集めたのでアレクサンデルの病室は**空っぽ**になったという。

寂しい！　お父さんの亡骸もチェーザレの病室に運んであげて。

アレクサンデルは**腐敗してる**から無理だ。

悲しいー！

教皇の後ろ盾を失ったものの、チェーザレはまだまだ武器を持っていた。教会軍総司令官であり、ロマーニャ公。強力な軍隊を持ち、豊富な資金も手中にあった。

じゃあけっこう安泰なのね、よかったわ。

ミケロットを含む忠実な側近もいた。

それはいつ**マジョーネに集まるかわからないから**信用できない。

裏切るような奴はマジョーネの乱で消えてるよ！　教皇不在の今、権力は枢機卿会議にあった。新教皇選出にあたって、チェーザレには慣習として**ローマからの退去**が命じられた。

病気なのに大丈夫かしら。

幸い、枢機卿の過半数はチェーザレの味方だったよ。

そうなのね！

父親のアレクサンデルが任命した枢機卿が多いからな。そしてチェーザレはローマからネピにある城へと旅立った。逞しかった彼の身体は痩せ細り、深紅の布で覆われた駕籠での移動となる。彼の立派な馬は初めて主のいないまま、小姓に引かれて進んだ。

馬さんも寂しいでしょうね。

騎兵隊など大勢と一緒の旅だった。その中には母のヴァノッツァや、弟のホフレもいたよ。チェーザレがローマを去ったのを見計らったように**ウルビーノが反乱を起こして**、かつての僭主**グイドバルドを再び迎え入れた**。さらにフランスの後押しを受けて**ペルージア**でも僭主が復活。それは**ジャンパオロ・バリオーニ**、マジョーネの乱で**生き残った傭兵隊長**だ。

お前か！

他の場所でも次々と旧僭主が復活していった。その中にはルクレツィアの最初の夫ペーザロ伯ジョヴァンニもいた。チェーザレが怒涛の勢いで征服した国は次々と失われていったのさ。

征服するのも早かったけど失うのも一瞬だなあ……。

こうした残念な知らせを次々と受け取るチェーザレは、病床で悔しさを噛みしめただろう。ほんの一か月まで、一点の曇りもなく輝いていた未来が目の前で崩れていくのだから。

つらいわねー。

だが、チェーザレのもとに残ることを選んだ領地も多かった。一方、ローマでは新教皇**ピオ三世**が選出される。バランスを取ってどこの派閥にも所属しなくて八〇歳という高齢の彼が選ばれたんだ。アレクサンデルと友好関係だった昔の教皇ピオ二世の甥だったので、チェーザレはピオ三世を歓迎したよ。

運命の選出

チェーザレはローマへ帰還した。その許可を出したのは**ピオ三世**だ。

優しい。

ピオ三世はチェーザレに同情的であり、かなり心強かったことだろう。兵士の多くはフランスのナポリ遠征に派遣していたので、ローマに帰還したチェーザレはわずかな兵士しか従えていなかった。そこへ、**スペイン王フェルナンド**がスペイン人に対し**チェーザレの軍につくことを禁止**した。

えーー！

敵対するフランス軍からスペイン兵を離脱せるためだ。一か月半前には一万二千いたチェーザレ軍は、**ほぼ壊滅**してしまった……。

教会軍総司令官なのに**兵士いない**んかよ！

不安な状況の中……。

え、何？

ピオ三世が亡くなった。

おおおおお――――い！！

在位わずか二六日でこの世を去った。この知らせはチェーザレに衝撃と絶望感を与えただろう。

どうすんのよ、味方の教皇がまたいなくなってしまったー！

次の教皇が誰になるかでチェーザレの運命は決まるだろう。幸い、彼はボルジア派のスペイン人枢機卿

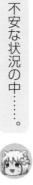

たちの票を握っていた。これを使って**自分に有利な教皇を選出できれば光が見えてくる。**そして、チェーザレが会見したのは**ジュリアーノ・デッラ・ローヴェレ枢機卿**だった。元々は反ボルジアだったがフランスの仲介で和解したローヴェレは親仏派であり、彼を推せばフランスとの友好関係にもいい影響があるだろう。チェーザレは教会軍総司令官の地位、教会の旗手の称号、ロマーニャ公国領の保証、そしてチェーザレの娘ルイーズとローヴェレの甥フランチェスコの婚約。これらを条件に**ローヴェレに票を投じることを約束した。**そうして一一月一日、ローヴェレは**教皇ユリウス二世**となった。

おめでとう、チェーザレの推しが効いたのね。

オスティアの屈辱

ロマーニャではヴェネツィアが侵略行為を行っており、チェーザレはヴェネツィアの追い出しから始めようと、ユリウス二世へ通行願いを出してもらった。

がんばってね！　体調がよくなったのなら復帰祝いに**夕食会を開きましょう。**

蚊がいないといいな。だが、オスティアから船でロマーニャへ出発する直前……。

え？

ユリウスから派遣された枢機卿により、**ロマーニャの各城塞を教皇庁へ明け渡す**よう命令が下る。これはつまり、**ロマーニャ公国を手放せ**という意味だ。

ええ!? ロマーニャ公国領は保証するって言ってたやん!

ユリウス二世

教皇領は教会のものでありチェーザレが手にしてはならない。ヴェネツィアに対抗する軍を組織するため明け渡すように。

お前チェーザレのおかげで教皇になれたくせに!

ユリウスはチェーザレに愛情なんてなかった。アレクサンデル六世の賄賂によって教皇への道を塞がれ、不遇の一一年を過ごしたことを決して忘れてはいなかったのだ。

恩は忘れるが憎しみは忘れないおじいちゃん!

そうして要求に応じないチェーザレは、**逮捕されてしまった**……。

いやあああ!

人々は、ユリウスがボルジアへ復讐を開始したと噂した。結局、ユリウスの親愛を信じていたのは**チェーザレただ一人だったのだろう。**マラリアが奪った一番重要なものは、**チェーザレの鋭い判断力**だったのかもしれない。

悲しい……!

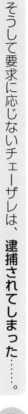

こうしてチェーザレはローマの宮廷で囚われの身となった。

宮廷で囚われるとかあるのね。

ユリウスはチェーザレに不利な情報を引き出そうと、ミケロットなどチェーザレの側近を逮捕し、**拷問**にかけた。

どんだけ最悪やねん。

しかし、側近たちは驚くべき忠誠心で、どんな拷問にかけられても何も喋らなかった。

泣けるわ……！

側近たちが拷問にあっているのを知ると、もはやチェーザレはどうにもならないと思い、**城塞の明け渡しに同意した**。しかし、フォルリなどチェーザレに忠誠を誓ったところは明け渡しを拒否。中にはユリウスから派遣された使いの者を絞首刑に処してしまうことさえあり、これにユリウスは激怒してチェーザレをサンタンジェロ城の**独房**へと移した。

ユリウスめー！

だが、ボルジア派の枢機卿に説得されてヴァチカンの塔へとチェーザレを移した。ここはかつてルクレツィアの元夫、**ビシェリエ公が殺された場所**だった。大使によるとチェーザレはここへ移された時、**涙を流した**という。

いや**ビシェリエ公を殺したのはお前やで。**

さらに、チェーザレから被害を受けた人に弁済するという名目でユリウスがチェーザレの財産を没収したので**破産した。**

悲しすぎる。

一筋の光

神はチェーザレを見捨てていなかった。

見捨てたと思っていたわ。

ナポリでスペインがフランスに勝利したことで、ローマでもスペイン勢力が強くなった。スペイン大使が仲介してくれて、チェーザレは残ったロマーニャの要塞を返還することを約束するとともに、**ついに釈放が決まる。**

一筋の光が差したわね！　よかったわ！

ただ、手紙を送ってもフォルリの城塞は明け渡しを拒否した。**チェーザレ本人にすら崩すことのできない忠誠**がそこにはあったのさ。そうして四月二六日、**約五か月ぶりにチェーザレは自由の身となった。**

おめでとうー！

チェーザレの行き先はナポリ。フランス軍の去ったナポリを任されていたのはスペインの総督**ゴンサロ・フェルナンデス・デ・コルドバ**。チェーザレが緋の衣を身に着けていた頃からの友人で、弟ホフレの妻サンチャの**愛人**でもあった。

複雑な関係やな。

コルドバは二二歳も年上だったが、血気盛んなチェーザレと話すことが好きだったという。チェーザレはスペインのもとで軍務につくことを希望した。船でピオンビーノに上陸し、ピサを取り戻し、そこからフィレンツェ攻略を狙う。コルドバはチェーザレに賛同し、援助を約束した。

またチェーザレの快進撃が見られる！　わくわく！

準備が整ったのは五月二六日。そして翌日出発に向けゴンサロを訪ねた後、チェーザレに付き添っていたゴンサロの副官ペドロに、もう帰ってよいと伝えた。すると……。

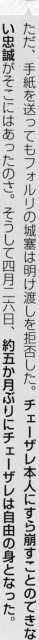

ペドロ

私は今夜、ずっと付き添っているように言われています。

その瞬間、チェーザレは**青ざめた**。

え？

チェーザレは、自らが**監視下にある**ことを悟ったのだ。そして**ナポリの城主に、再び捕らえられ**……。

おおおおーーーい！

チェーザレ

裏切られた。ゴンサロ卿、なんとひどいことを……！

ゴンサロめ！ 友達だと**私も**思っていたのに！

教皇ユリウスがスペイン王フェルナンド二世と結託し、チェーザレを再び捕らえることを決めていたのだ。ゴンサロは困ったが、スペイン王の命令には逆らえなかった。スペインはナポリをはじめイタリア征服に乗り出していたから、教皇を味方につけるべくチェーザレの逮捕に協力、さらにチェーザレを徹底的に排除したいヴェネツィアの後押しもあったのさ。

うぅ、どんだけ捕まるの……。

バレンシアに船で移動した。ここはボルジア家の故郷だが、チェーザレは囚われの身としてやって来た。そこを通り抜け、田舎町チンチーリアの山頂にある城塞に幽閉された。罪状は弟ファンとビシェリエ公の暗殺、訴えたのはファンの妻マリアだった。

釈放されてほしいけど、**暗殺は事実**っていうのが困るわ。

城塞の外ではチェーザレの釈放を願う運動が絶えず続けられた。

私も名前書いてくる。

駅前で署名活動してるんじゃないぞ。妹ルクレツィアの依頼でマントヴァ侯爵フランチェスコがチェーザレ釈放の嘆願をしたり、チェーザレの妻シャルロットも釈放を願う手紙を出し続けたのさ。

みんながんばってくれてるのね……！

これらの嘆願のおかげで、チェーザレの従僕が**一人から八人に増えた。**

そういう嘆願じゃないわよ！

一五〇五年五月、ナポリで再び捕まってから**一年が経った。**

長いな。

だが、長い投獄生活のおかげでだいぶ回復した。

よかった！

脱獄を企てる。

早っ。

チェーザレは城塞の司令官ガブリエルを呼ぶと、彼が**背を向けた隙に襲い掛かった。**

おおお！

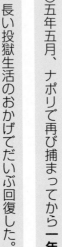

ガブリエルのほうが強かった……。

ああ**病み上がりだから弱いいいー！**

チェーザレ

力試ししただけやん！

言い訳をしたが通用しなかった。

でしょうね！

これが原因でスペインのカスティーリヤにあるメディーナ・デル・カンポに移されることになった。ここは城塞と王宮を兼ねており、スペイン・ハプスブルク家の**フィリップ美公**と妻の**ファナ**もいる場所だ。

ファナちゃんたちとチェーザレ、同じ場所にいたのか！　じゃあ廊下で**挨拶**や**立ち話**とかしてたのね。

アパートじゃねぇんだよ。同じ場所といってもチェーザレはお城の近くの高い塔、最上階に捕らわれた。

一番いい場所ね。

タワーマンションだったらな。

脱獄

スペイン王フェルナンド二世はナポリの総督で名高い武人のコルドバに脅威を感じ始めていた。やがてフェルナンドはコルドバを武力で打倒することにする。そこで、**チェーザレの起用**を考えだした。

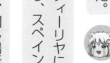

チェーザレを!?

それほどまでに、チェーザレの武将としての才覚は素晴らしかった。それは教皇ユリウスとともにチェーザレを破滅させようとしていた**フェルナンド二世の考えを転換させるにじゅうぶん**だったのさ。

すごいわ！　スペイン王のもとで輝きを取り戻してねー！

チェーザレは拒否。

おおおおーい！

フェルナンドの言いなりにはなりたくなかったようだ。**再び脱獄することにする。**

またかよ！

一五〇六年一〇月二五日、協力者にロープを調達してもらった。自分の部屋から**ロープで脱出すること**にしたのさ。

最上階よ!?

チェーザレを照らし始めた一筋の光は、**一本のロープ**へと変わろうとしていた。

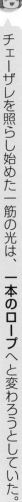

心もとない！

ロープを窓から下に垂らして従僕の一人が先に降りたが、ロープが短すぎて落下してしまい骨折、逮捕されてしまった。

ロープの調達した奴へたくそか！　長さの確認しなさいよ！

だが、チェーザレは濠の中に転落して怪我をしたものの、三人に助け出された。塔などを管理している司祭、その用人、そして協力者のドン・ハイメという人物だ。

ミケロットは？

ミケロットはこの年の五月にようやく釈放されていたが、フィレンツェで軍務に就くのが条件だったためチェーザレのもとには来られないのさ。逃亡計画を担当していた協力者**ベナヴェンテ伯爵**の領地であるヴィラロンまで馬で逃走し、ケガの手当がされたという。

お前か、**短いロープを持って来た奴**は！

やめなさい協力者なんだから！　しばらくここで休養を取り、再び逃亡を開始した。行き先はナヴァーラ王国。チェーザレの妻シャルロットの兄で、**ナヴァーラ王ファン三世**を頼ってのことだった。

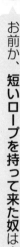

顔が怖すぎるから頼らない方がいいわよ。

顔で決めるんじゃない。十一月の寒い中、**穀物業者**に扮して移動した。やがて海へと辿り着き、船を出すため船頭と交渉していると、チェーザレ一行が払うという金額が高すぎて怪しまれ**町の守備隊に通報**された。

いやああ！　ヤバイわよここまで来たのに！

そして**守備隊が乗り込んできた**、その時……。

ごくり。

チェーザレたちは**鶏三羽**と、**大きな肉を平らげようと格闘していた。**

大食いバトルしてる場合か！

結局、守備隊はチェーザレたちが商人であるという主張を信じたという。

よかったー！

チェーザレ一行を目撃した住民の証言が残っている。

一人は肩幅が広く、**顔がすごく醜かった。**

証言がただの悪口。

鼻が大きく肌が赤い銅色に日焼けしていた。

顔が怖いフアン三世。1469～。ナヴァーラ王で、チェーザレの義兄。

これはチェーザレではなさそう。ずっと捕まっていたから日焼けしてないだろうし。

宿屋

一人はずっと黙っていて、ずんぐりした中ぐらいの背、**鼻孔が開き**、大きい眼だった。**手に包帯が巻かれていた。**

怪我しているということはチェーザレっぽい！　背が高いイメージだったけど**鼻の穴が大きかった**のか。

それはべつにいいだろ。そうして約二か月もの長旅を経て、**チェーザレはナヴァーラへと辿り着いた。**それは三一歳となった彼が**二年に及ぶ捕囚の時を乗り越え、自由を手にした瞬間だったのさ。**

おめでとうー!!

首都パンプローナの宮殿でフアン三世に迎えられたチェーザレはもうお金も兵もなかった。フランス王ルイはもうチェーザレの敵でしかない。ナポリでフランスがスペインに敗北したというのに、コルドバを頼ってスペインに近づこうとしたのがその理由だ。

ほとんど捕まえられてただけなのに。

だが、彼は誰もが認める優秀な武将だ。戦う者があれば必ずチェーザレの出番がやってくる。しかもまだ若い。かつてパンプローナの司教だった彼は、その地で明るい未来を見ていたのさ。

うん、チェーザレなら何度でもやり直せるわ！

出陣

年が明け、春の兆しが見えてきた頃。フランスとスペインが対立する中、フランスと近しいナヴァーラ王国は**スペイン王フェルナンド二世からにらまれた状態**となっていた。

チェーザレがいるからにらまれている気もする。

ナヴァーラはスペインとの決戦が避けられなかった。**チェーザレが再び戦場へ出る時がやって来たのさ。**

いよいよね！

目指すは**ヴィアーナの城塞**。ここが敵軍に占拠されていて、チェーザレは軍の総指揮官となった。一五〇七年三月一二日。開かれた門に、馬に乗ったチェーザレは突進した。**敵兵三人を一気に斬り殺す。**敵将ボウモント伯は、まるで**鬼神のように兵を狩る黒い甲冑の男**に気づいたという。

チェーザレがんばれー！

奮闘していたチェーザレだが、ボウモントの差し向けた一隊によって負傷し、**落馬した。**

チェーザレー！！！

そして何度も体を突かれ、血まみれとなって倒れた。希代の武将チェーザレは、**やはり戦場で命を落としたのさ**……。

いやあああ！

敵兵に甲冑も服もはぎ取られ、裸となった遺体には二三の傷があったという。

チェーザレ……！　なんで！　ここで死んでしまうなんて……！

病に倒れたあの日から三年。数えきれないものを失ったチェーザレに最後まで残っていたのは家臣の忠誠、そして眼に宿る鋭い光だった。その光が消えた時、彼の命もまた終わりを告げたのさ。波乱の生涯を駆け抜けた彼は、まだ三一歳の若さだったよ。

チェーザレ……。あの塔から逃亡しなければ……！

たしかに、あのまま残っていたらスペイン軍に入っていただろうな。チェーザレにとっていいことかはわからないけども。

蚊取り線香があれば……！

そこからかよ。

皇帝か、死か

兵士が持ち帰った立派な甲冑を見たボウモント伯はこれが特別な人物に間違いないと思い、急いで遺体を運んでくるよう命じたが、ナヴァーラ軍がいたので引き返している。義弟チェーザレの変わり果てた姿を見つけたジャン王は、マントを脱いで義弟にかぶせた。

お疲れさま、チェーザレ。この時代にイタリア統一の夢に手を伸ばしたあなたを忘れないわ……。

ジャンはチェーザレをヴィアーナに運ばせ、サンタ・マリーアの教会で盛大な葬儀を行った。

大工さんが棺に押し込んだのかしら。

また棺のサイズ合ってないのかよ。そして、巨大な墓石を立てた。

ありがとうジャン。

イタリア各国を恐怖に陥れ、敗者として人生を終えたチェーザレは悪評に包まれた。現代に至るまでボルジア家に悪のイメージは付きまとうことになる。一七世紀の終わり、カラオーラの司教がその悪名高い人物の記憶を消すためチェーザレの墓石を取り壊してしまった。

ひどいー！

それでも、妹ルクレツィアの高い評価はその生涯を通し、今日まで汚されることはなかった。ルネサンス期を代表する高貴な公爵夫人として、三九歳まで生きた彼女の生涯は短かったけれど、**七〜八人**の子供を残したという。

なんでちょっと曖昧やねん。

最初の子供であるジョヴァンニの出生が曖昧だからな。チェーザレの妻シャルロットは結婚後の数か月で夫と離れ離れになったのを最後に、**二度とチェーザレに会うことはなかった。**娘のルイーズは父の後を継いでヴァレンティーノの女公となり、母シャルロットはその摂政となる。シャルロットはたくましく優しかったチェーザレの思い出とともに、彼の死後七年で亡くなった。**ルイーズの子孫は現代でも数多く存命**だという。

チェーザレが生きた証は今も残ってるのねー！

最も忠実な側近ミケロットはフィレンツェで従軍していたが、チェーザレが亡くなった年の一〇月、何らかの理由で解任されている。翌年、**スペイン人によって命を奪われた。**

ミケロットー！

彼はフランスに従軍しようとしており、優秀な武人である彼を敵軍に入れたくなかったスペインによって消されたと考えられている。

チェーザレもミケロットも、スペインによって命を落としているのね。

ミケロットがフランスに近づいたのは、**チェーザレの敵《かたき》を取りたかった**のかもね。返り討ちにあってしまったけど……。

泣けるわー。

「皇帝か、死か」。彼の剣に刻まれたモットーだ。その言葉通り、皇帝になれなかったチェーザレには死が待っていた。だが、マジョーネの乱の最中も、チェーザレを間近で見ていたマキャヴェリは、彼を見習うべき理想の君主だと書いた。表題のないその本は、やがて「**君主論**」と呼ばれるようになる。

マキャヴェリ

敵に対して身を守り、味方からは愛される。力や策略によって勝利し、民衆に愛と恐れを抱かせる。兵士には服従、尊敬され、己に有害な者は滅ぼす。新しい制度を作り、厳しくも優しく、寛容で気前が良い。誰であれ、彼が示す以上に有益な例を見出すことは不可能なのだ。

チェーザレが目指した古代ローマの英雄、カエサル。皇帝の語源となった彼のマントの切れ端を、恋人だったクレオパトラは持ち続けていたという。そしてチェーザレのマントも、**決して手放さなかった人がいた。**

だ、誰!? そんな恋人がいたの!?

レオナルド・ダ・ヴィンチだ。

おっさんかよ！

いいだろ偉人なんだから！ マキャヴェリと違ってチェーザレのことを何も書かず、語ることもなかったダ・ヴィンチ。だが彼はフィレンツェなどを転々としながら、**もうチェーザレに代わる君主を見出すことはなかった。**そして一九六七年、マドリッドの国立図書館でダ・ヴィンチのデッサンや手記、さらに彼や弟子の服が発見された。

なんかいっぱい見つかったわね。

その中に**ただ一つ含まれていたマントは、チェーザレのもの**だといわれているんだ。

それだけでじゅうぶん伝わってくるわ。ダ・ヴィンチにとっても、マキャヴェリにとっても、家臣たちにとっても、チェーザレは唯一無二の君主だったことが……。

きっと彼らにとって、皇帝以上の存在だったのだろう。

早く生まれ変わって来るといいわね。もう**蚊取り線香もある**し、昔よりマラリアに対処もできるし。

最高の君主になってくれたらいいけど、**世界を震え上がらせる**かもな。

ボルジア家家系図

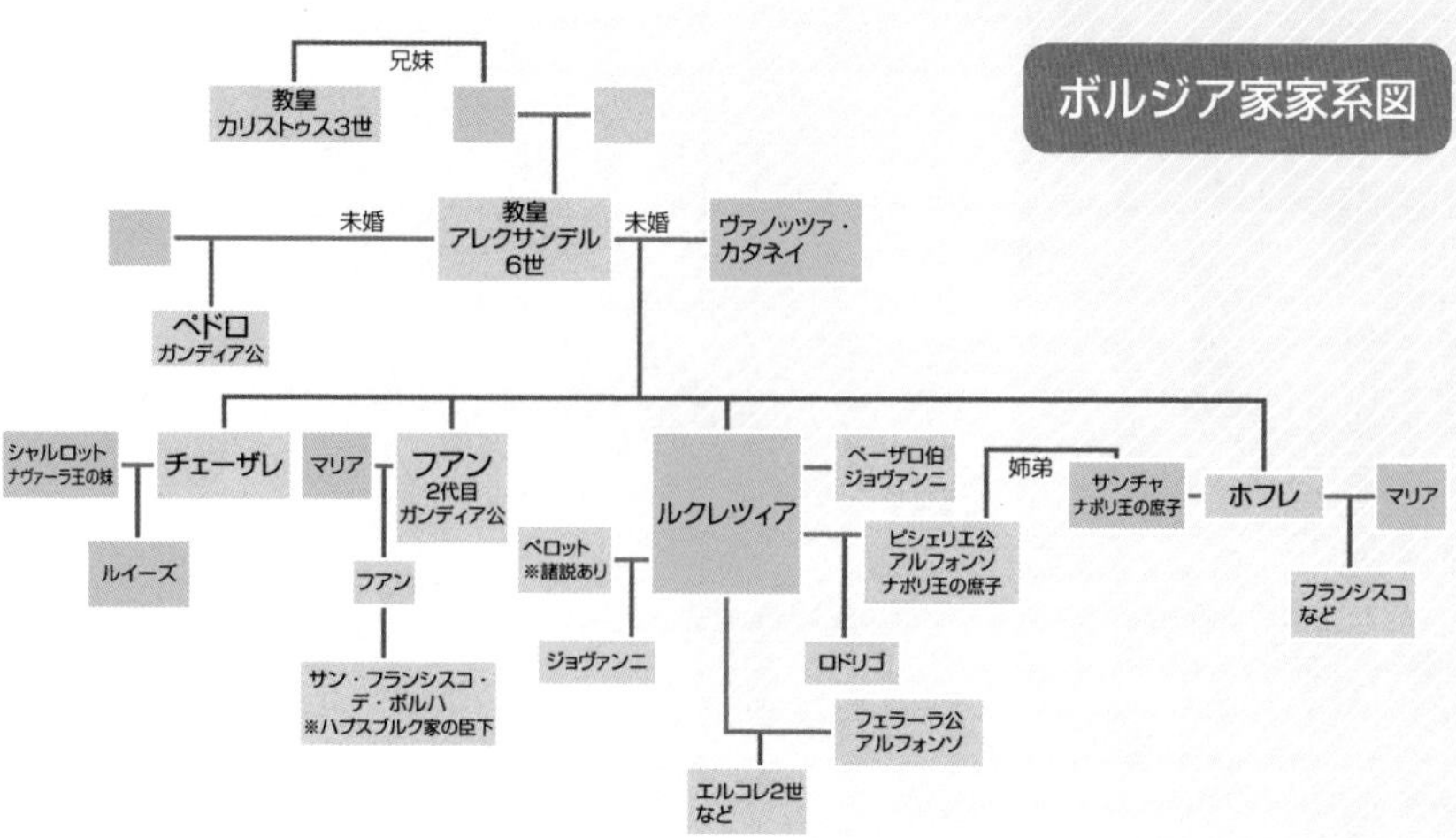

第4章

他にもある！おもしろ王家

第4章 他にもある！おもしろ王家

もなか：最後の章では、他にも気になる王家を四つほど見ていこう。

みるく：見ていきましょう〜！

もなか：**ソフィアも一緒に。**チャンネルでおなじみの人だから、最後は一緒に王家を見てもらおうと思って。

みるく：来てくれたのねソフィアちゃん－！

ソフィア：**奪えそうな帝位がないか見に来た。**

みるく：目的が物騒すぎる！

ロシア帝国、ロマノフ家の皇女ソフィア・アレクセーエヴナ。1657〜。ピョートル大帝の異母姉。何度もピョートルにクーデターを起こしながら権力を握ろうとした女傑。
今も隙あらば女帝になろうとしているキャラとして「よつばch」でアイドル的存在。

もなか
みるく

平松のワンポイント

【ピョートル一世①】
ロマノフ朝の繁栄を出現させた一方で数々の逸話がある皇帝。ロシアの西欧化を目指して西ヨーロッパ諸国に使節団を送った際には、偽名を使って随行し、職工として造船技術などを自ら会得した。

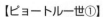

ビザンツ帝国・アンゲロス家

まずは**ビザンツ帝国**（東ローマ帝国）の**アンゲロス家**だ。一二世紀、五代の皇帝を輩出しながらわずか**一九年**で滅亡した、短すぎる王朝を作った一族だよ。

短いな。スペイン・ハプスブルク家も五人の王を輩出してたけど王朝は何年だっけ？

二〇〇年。

ぜんぜん違う！**五人で十九年**って、一人あたり四年以下の在位期間しかないし、なんでそんなに短いの？

それは……。**五人全員が無能**だったからさ。

全員、無能！

帝位を奪うチャンス。

アンゲロス家家系図

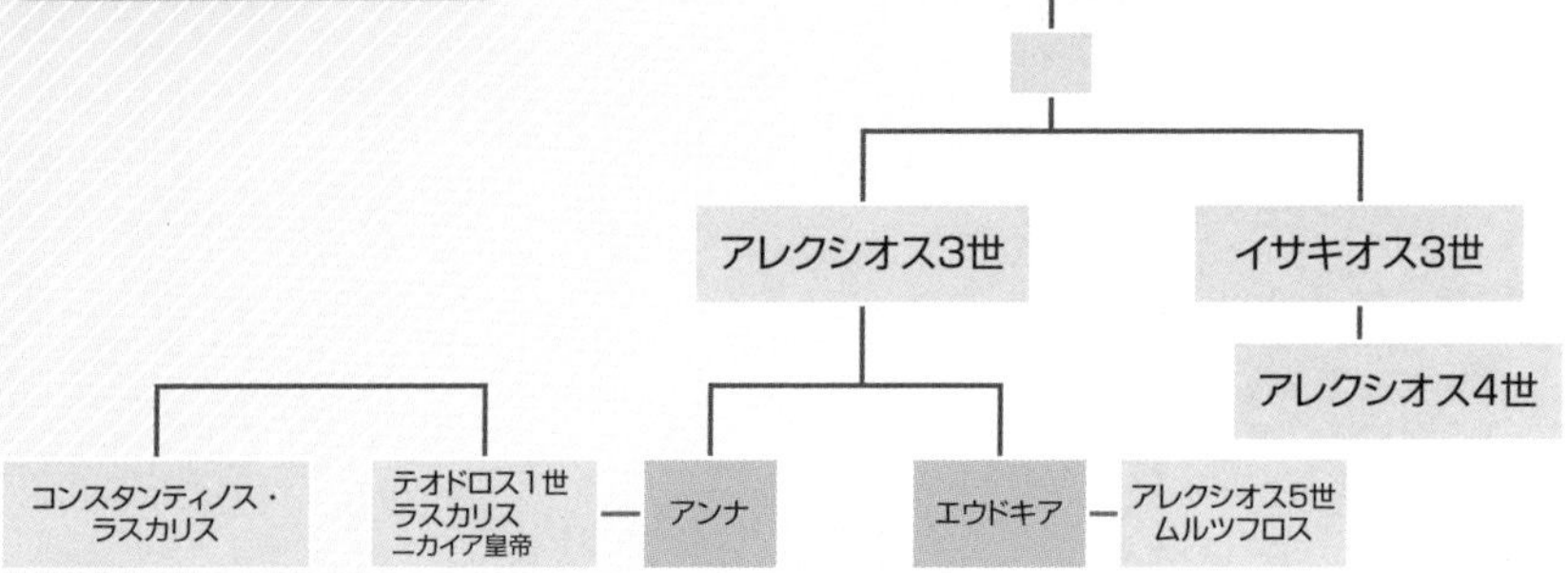

平松のワンポイント

【ピョートル一世②】
西欧外遊から帰国すると、服装や身だしなみを西欧風に改めた。顎ヒゲを蓄える習慣があったロシア貴族に対して、新しいロシアにヒゲは似合わないと、挨拶に来た貴族の顎ヒゲを切ってしまったのは有名。

ピョートル大帝は優秀すぎて難しかったけど無能なら楽勝よ。

そうだよな。

クーデター勧めんな！

一九年で滅亡するぐらいだから歴史的にはきっと「敗者」ってことよね。敗者はチェーザレのように悪く言われちゃうものだし、アンゲロス家も実際はすごく優秀だったかも。

最初の皇帝は**イサキオス二世アンゲロス**。

これは無能ですわ。

即座に顔で判断するんじゃない。古い絵だからちょっとトボけた感じになってるだけだ。前の皇帝アンドロニコス一世コムネノスは政府の要人を次々と処刑するなど恐怖政治を行い、民衆から嫌われていた。アンドロニコスに抵抗する民衆が大聖堂に集まった時、**たまたまそこにいたから皇帝に選ばれた**のがこのイサキオス二世だ。

イサキオス二世アンゲロス。1156～。
アンゲロス朝初代皇帝。

選ばれた理由が適当すぎる。

ワシも大聖堂にいればよかったあああー！

惜しいことしたわねソフィアちゃん！ **その場にいれば女帝になれたのに！**

待て待て！ イサキオス二世は前の王朝であるコムネノス家の初代皇帝アレクシオス一世コムネシスの曾孫なのさ。その血筋があるからこそ、その場にいただけで皇帝に選ばれたんだ。

つまり、**そいつをぶん殴って帝位を奪えばいい**ってことだろ。

どっちにしろソフィアちゃんが大聖堂にいたら女帝になれたのね。

大聖堂で**雑なクーデター**起こすな！ そんで、皇帝になったイサキオス二世だが政治家としての資質はなく、財政難に対処するため官職の地位を売買して行政の腐敗を招いた。国民への重税も課し、彼の治世では少なくとも**一七回の反乱**が起きたという。

多いな。

そうして、治世は**一〇年**で終わったのさ。

一〇年？　王朝は**一九年**しかないのに**この人だけで一〇年？**

そうだ。

配分おかしいやろ！　**まだ四人の皇帝が残ってるのに！**

年数の配分なんてどうやってやるんだ！　政治的には微妙だったが、兄が敵の陰謀によって牢に入れられていたのを助けたりと、優しい面もあった人だよ。なんで一〇年でイサキオス二世の治世が終わったかというと、**兄にクーデターを起こされた**からだ。

帝位を奪うにはクーデターが当然だ。

兄ではなく弟だという説もある。それが**アレクシオス三世**。イサキオス二世のおかげで牢屋から出してもらったのに、見事に裏切った奴だ。

外道だわ。

しかも、イサキオス二世を**摘眼刑**……**眼球をくり抜くという残酷な刑**に処している。

いやああ！！

光を失ったイサキオス二世は息子とともに幽閉された。

つらいわー。

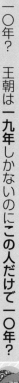

幽閉されていた頃を思い出すなぁ。
※ソフィアは修道院に幽閉された末に亡くなっている。

帝位を奪ったアレクシオス三世は、お金のために歴代皇帝の**墓を開けて**、装飾品を奪った。

どんだけ奪うねん。

利害関係のあるヴェネツィア共和国との関係を悪化させるなど政治的に失敗し、イサキオス二世以上の暗君だといわれる。結局、この人も**クーデター**によって帝位を奪われた。

ダメでしょソフィアちゃん！

ソフィアの仕業ではない。

銃兵隊の準備はできてるぞ。

ソフィアが準備万端なのも気になるが、クーデターを起こしたのは前皇帝イサキオス二世の息子**アレクシオス四世**だ。アレクシオス四世は脱獄して、遠征中だった**第四回十字軍**を味方につけた。自分と父親を帝位に戻してくれれば戦費を援助する、と言って。

すごい息子だわー！

こうして暗君のアレクシオス三世は、突然の十字軍**襲来**に焦って**逃亡**。彼の**八年**の治世はここで終わる。

最初のイサキオス二世が一〇年だから……一九年しかない王朝がもう**一八年終わりましたけど!?** 皇帝、あと**三人**いるのに一体どういうことなの!

いろいろとおかしいのがアンゲロス朝なんだ。

おかしすぎるやろ!

こうして、若干二〇歳のアレクシオス四世が皇帝となった。父**イサキオス二世とともに共同統治**となったよ。イサキオス二世はこの時、四七歳。もう正気ではなかったという。

悲しいわねー。

アレクシオス四世はアンゲロス王朝の中では優秀なほうだったと言われる。しかし、前王朝から続く財政難は深刻で、十字軍に約束した戦費援助の約束もかなり過酷であった。払うためにはまた重税を課す必要があり、貴族や民衆はこの二人の皇帝を**見捨てた。**

この隙にワシが**後ろからぶん殴って**帝位を奪おう。

銃兵隊使わないんかい!

二人は、アレクシオス三世の娘エウドキアの婿である**アレクシオス五世ムルツフロス**に帝位を奪われる。

すごくヤバそうな奴に奪われたわね！　ていうか奪われてばっかりすぎるな。

アレクシオス四世は絞殺、父親のイサキオス二世もすぐ後に亡くなっているから暗殺されたのだろう。

うぅ、こんなんばっかりや……。

泣くな、**普通のことだ**。

普通ではないやろ。

というわけでイサキオス二世親子の治世は**一年**で終わった。

もう**王朝の一九年終わってしまいましたけど！**

アレクシオス五世の「ムルツフロス」は「**眉毛が密生している**」という意味だ。

その意味がなぜ名前になるのか。

あだ名だよ。「**陰気**」という説もある。

どっちもイヤだわ。

アレクシオス五世ムルツフロス。1140〜。その名前から、眉毛が太いことが確実視されている。

この眉毛が濃い男が帝位に着いたのは一二〇四年二月。十字軍への資金援助を反故にして民衆の支持を得たが、十字軍は当然キレた。十字軍に攻撃され、首都コンスタンティノープルの防衛に失敗して逃亡。
わずか**二か月**の帝位だった。

短かっ！　そうよね、王朝の年数がもう残ってないもんね。

逃亡後、アレクシオス五世は義父のアレクシオス三世と会って和解した。
しかし、お風呂に入るよう勧められて入るとすぐ、アレクシオス三世の使用人に襲撃されて**視力を失った。**

この時代、すぐ目を攻撃するのは何なの。怖すぎる！

そうして五世は、アレクシオス四世への裏切り行為で裁判にかけられ、コンスタンティノープルにあるテオドウシス一世の**記念柱**から突き落とされて死んだ。

どこから突き落とされてんねん。

記念柱から突き落として、**新たな記念にすんな。**

帝位はアレクシオス三世のもう一人の娘アンナの夫の兄、**コンスタンティノス・ラスカリス**に引き継がれていた。

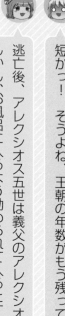

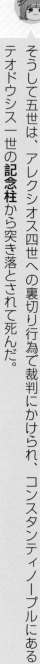

関係性が遠いな。ほとんどアンゲロス家じゃなくなってるやん。

十字軍の攻撃を受けて**すぐ逃亡した**ので彼を皇帝に数えない史料も多い。そのため肖像画もない。これでアンゲロス家は断絶、ついでに十字軍の攻撃によって**ビザンツ帝国は終わった。**

ついでに国ごと滅んだやん！

完全に滅んだわけじゃなく、アレクシオス三世の娘アンナの夫が皇族の生き残りとして**ニカイア帝国を建国**。初代皇帝**テオドロス一世ラスカリス**となる。

帝国をまた建国したなんてすごいわ。

ちなみにアクシオス三世は**この人にもクーデターを仕掛けて敗北**し、修道院に幽閉されて亡くなった。

最後までろくでもない人だったわね。

修道院に幽閉というところに**親近感を感じる。**

平松のワンポイント

【ビザンツ帝国の滅亡】
第４回十字軍の襲撃で都を失ったビザンツ帝国は、ニカイア帝国などで亡命政権を作ってなんとか存続しました。その後、コンスタンティノープルを奪還して 1453 年まで存続します。

アンゲロス朝には前の王朝から引き継いだ財政難が重くのしかかっていたから、たとえ有能であっても立て直しは難しかっただろうといわれる。

クーデターしか頭にない人たちだったけど、時代とか状況とかいろいろな理由があったのね。

クーデターが時代を作るのだ。

エルバ公国家

続いては**エルバ公国**の王家だ。公国だから王家というより公家だが。

さっきのアンゲロス家は一九年で王朝が終わってしまったけど、今度は長く続いたのかしら。

一年だ。

え？

一年で終わった。

何をどうやったら一年で終わるの!?

ナポレオン・ボナパルト。1769～。フランス革命期に活躍し、フランス初代皇帝ナポレオン一世となる。痔持ち。

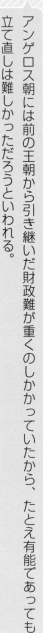

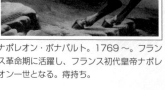

エルバ公国の君主、それは**ナポレオン・ボナパルト**なのさ。

ナポレオンやんかー!! どういうこと？ この人はフランスの初代皇帝でしょ。

帝位をよこせ。

ナポレオンは一八一二年のロシア戦役で敗北。この時のロシア皇帝は**アレクサンドル一世**。ソフィアと同じ**ロマノフ家**の人だ。

ソフィアちゃんと同じ血を引いてるのね！

アレクサンドル一世は長身のイケメンとして知られる。

イケメンか……！

期待しちゃうわね。

銃兵隊、行け。

キレないでソフィアちゃん！ 実物はきっとイケメンよ！

アレクサンドル一世。1777～。
ロシア皇帝。イケメンのはず。

イケメンさが全く伝わらない肖像画だな。……で、このイケメンに負けたナポレオンは一八一四年、**エルバ島**へと流刑になる。その時、エルバ島を公国として独立させ、ナポレオンに与えられることになったんだ。それで建国されたのが**エルバ公国**というわけさ。

わりと優しい処遇だけど、島に流刑なんて大変だったでしょうね。釣りをしたりヤシの実を取ったり。

鹿を狩り、食らったり。

完全に無人島をイメージしてるけど、エルバ島にはすでに**一万二千人の住人**がいたよ。

元々住んでる島を**流刑地**にされた人たちの気持ちを考えろ。

そんなに**農奴**が住んでいたのか。便利だな。

国民を農奴扱いしないでソフィアちゃん。

さらにナポレオンは**八七〇人の兵士**を連れてきた。

軍隊が侵攻してきたようにしか見えないのよ。

平松のワンポイント

【アレクサンドル一世】
有名なナポレオンのロシア遠征を撃退したことで有名な皇帝。その功績からウィーン会議では大きな発言権を持ち、神聖同盟を提唱し保守反動体制の中心となりました。

侵攻ではない。彼はエルバ公国に着くと、しっかり統治を開始した。ジャガイモや大根といった農作物の栽培、学校の設立。道路の舗装。街灯も立てる。

どこが流刑者なの、完全に統治者として来てるやん。

そう、ナポレオンは熱心に統治したんだ。

思ってた流刑と違うけど、ちゃんと君主として仕事しててすごいわ。

だがナポレオンが去った後にフランスで王政復古したブルボン家が、ナポレオンに支給するはずの年二〇〇万フランを出し渋った。さらにフランスは国内のナポレオン支持者を抑えるため、**悪い噂**を流す。ナポレオンがいろいろと病気を持っているとか。

痔を持ってるとかね。

それは事実じゃねぇか。

痔なのか。

他にも、**実の妹といかがわしい関係にある**とか誹謗中傷のデマを流した。ボルジア家といい、なんで昔の誹謗中傷って近親相姦ネタが多いんだろうな。結局、フランスのネガティブゴシップキャンペーンは国民には効果がなかったが、**ナポレオンは怒っていた**という。

ナポレオンの耳にも届いてるんかよ。

結局、約一〇か月でナポレオンは**エルバ公国から脱出**する。後を継ぐ者もなくエルバ公国は終了した。

島に**ボラギノールが売ってないから**買いに行っただけでは。

島を出ても売ってねぇよ。脱出の理由は、ブルボン家がお金を払わないため財政難でキレたとか、フランスの誹謗中傷にキレたとか、島の生活が**暇すぎた**とかいわれている。

確かにお金もなく島で暮らすのは暇やな。資金があればディズニーランドとか作ればいいけど。

海賊対策で**要塞**は作ったぞ。

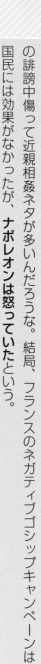

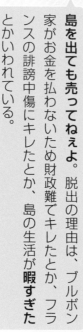

要塞の中は余計に暇なのよ。

ナポレオンはフランス皇帝へと返り咲いた。だがイギリスに敗れ、今度は脱出不可能なセントヘレナ島へと流された。彼はそこで生涯を終える。五一歳だったよ。

悲しいわねー。

もしブルボン家がちゃんとお金を払っていたら、もしくはフランスがしょうもないゴシップを流さなかったら。彼はエルバ公国にディズニーランドを作りながら、統治を続けたのだろうか。いや、そんなことはないだろう。彼ほどの優れた統治者を小国にとどめておくことは誰にもできなかったのさ。

やはり帝位を取る者というのは、傑出しているのだ。**つまりワシも女帝になるべき。**

ネパール王国・シャハ家

続いてはネパールの**シャハ家**だ。**ビレンドラ国王**は、一九六七年に日本の東京大学へ留学したこともあるという親日家だ。

へー！　なんかうれしいわね。

ビレンドラ・ビール・ビクラム・シャハ。
1945～。第10代ネパール国王。

……初めてじゃないかしら、**肖像画でメガネかけてる**のは。

写真ならわかるが肖像画でメガネは珍しいな。そんな珍しいメガネだが、民主化を求める声に応えてそれまでの絶対王政を廃止し、立憲君主制へと導いた革新的な国王だった。国民からの信頼も厚く、人気があったよ。

すごいわねー。

だが、二〇〇一年六月一日……、**ネパール王族殺害事件**が起きる。ここに関してはおもしろ王家ではなく、**悲劇の王家**なのさ。

悲劇の王家!?

クーデターか!?

犯人とされたのはビレンドラ国王の長男、**ディペンドラ王太子**だ。

王太子ってことは国王の息子で、王位継承順位一位の人が!?

事件で犠牲となったのは国王、王妃、ディペンドラ王太子の兄弟など**一〇人**にのぼる。

そんなに……！ 家族をほとんど手にかけてしまったのね。どうしてなの？

ディペンドラ王太子は結婚を反対されていたんだ。結婚相手のデブヤニ・ラナさんはインドのマハラジャという領主に嫁いだ女性の娘だった。女性のデブヤニ家と、王妃の出身であるラナ家は対立関係あり、さらにネパール人はインドに併合されることを恐れていたんで結婚への道はかなり険しかったのさ。この日、月に一度行われる**王族の晩さん会**で話し合いがもたれた。

月イチで一緒に晩ごはん食べてるやん……そんなに家族仲がよかったのに。

国王夫妻はディペンドラ王太子の王位継承権を剥奪するとも発言したという。王太子は部屋に戻った後夜九時頃に、泥酔した状態で再び会場に戻って来た。すると銃を乱射し、次々と家族の命を奪った。そして、最後は銃を**自らに向けて自殺を図ったのさ**。

いやああああ!!

クーデターならまだしも、家族を手にかけるとは許せん。

クーデターもダメよ、ソフィアちゃん！ つらいわね、愛する人と結婚したかった王太子の気持ちもわかるけど……あまりにもひどい事件だわ。

ディペンドラ王太子は、重症なものの一命を取り留めていたので、**国王に即位した。**

いや即位すなー!! 誰よ犯人を即位させたのは!!

やはりクーデターじゃねぇか。

王太子がクーデター起こす必要ないだろ! 自殺を図る意味もないし! 最初は王宮内で起こったことだから実態の調査が進んでいなかったんだよ。だが、王太子は**三日後に亡くなってしまった。**

悲しいわねー。

そうしてビレンドラ国王の弟**ギャネンドラ**が即位することとなった。この事件は不可解な点が多い。右利きのはずの王太子が左から自身の頭を撃っていることや、泥酔していたはずなのに医師の証言によるとアルコールは検出されなかったという。そして、王族が全員集まっていたにもかかわらず**新国王ギャネンドラだけが欠席。**さらにギャネンドラの家族だけが軽傷や無傷で済み、**全員が生き残っている**……。そのため、この事件は**ギャネンドラによる王宮内クーデター**ではないかと噂されている。

シャハ家家系図

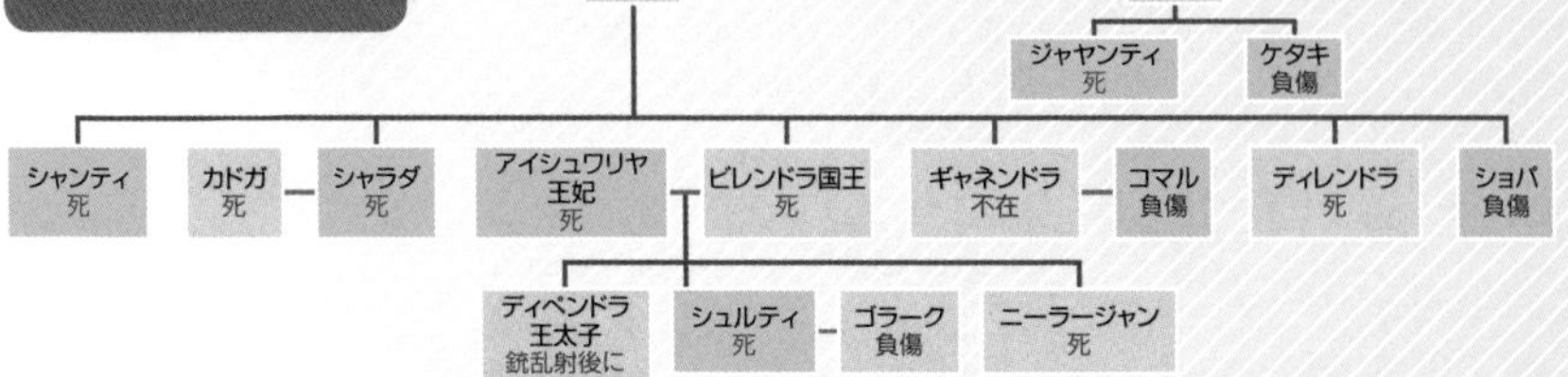

クーデターか!!!

声をそろえるな。

でも、噂ってことは今も真相はわかってないのよね。怪しいけど確実な証拠がない以上は疑わない方がいいわ。

たしかにそうだな。

この時代でも、**クーデターを成功させる男がいるとは……。**

話を聞けよ!　クーデターかどうか確かじゃないから! 即位したギャネンドラは兄、ビレンドラ国王の行った民主化を否定。議会を停止し、昔の絶対君主のように振る舞った。さらに、ギャネンドラの息子である**パラス**は、飲酒運転で**人気歌手**をはねて死亡させておきながら、罪を**身代わりになすりつける**偽装工作を行ったという。

あまりにも悪質極まりない。**身代わりがいるのも意味がわからないし。**

人気歌手の身代わりも使ったのか?

ギャネンドラ・ビール・ビクラム・シャハ。1947～。ディペンドラ王太子に次いで第一二代ネパール国王となる。

使うか！　どうやって使うんだ。ギャネンドラは国内外から批判が相次ぎ、ついには制憲議会によって**君主制が停止**された。これによりネパールは共和制となり、**王国は終わった。**

王国ごと終わってしまったやん。

ギャネンドラ元国王は現在七五歳（二〇二三年六月）。今も大富豪であり、離宮で過ごしているという。

一〇〇人の見張りをつけ、修道院に幽閉するんじゃないのか。

それは**ソフィアが幽閉された時だろ！**　ギャネンドラは存命なんだから下手なこと言うんじゃない！

バイエルン王国・ヴィッテルスバッハ家

最後は、**バイエルン王国**の**ヴィッテルスバッハ家**だ。バイエルン王国はもともと神聖ローマ帝国の一部だったが、一八〇五年に王国として独立した。バイエルン選帝侯だったマクシミリアン四世が、初代バイエルン王**マクシミリアン一世**となった。

しゃくれてないわよ。

マクシミリアン一世。1756～。初代バイエルン王。

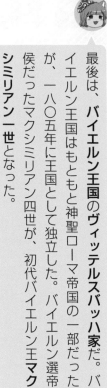

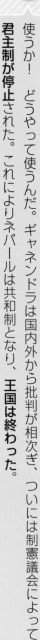

ハプスブルク家のマクシミリアン一世とは別人だ。国が違うと同じ名前が出てくるからややこしい。バイエルン国立歌劇場の前庭には彼の銅像が建ち、今も親しまれている。

人気の国王だったのね。

彼は二度結婚し、合わせて**一二人**の子供を作った。

多いな。

六九歳で亡くなり、長男の**ルートヴィヒ一世**が後を継いだよ。

長生きだし後継ぎに不自由しない子供の数。順調そのものやん。

ああ。だがこの王家は……。

ごくり。

変な人が多かった。

変!?

あまりに変な奴はワシが始末するから安心しろ。

ヴィッテルスバッハ家家系図

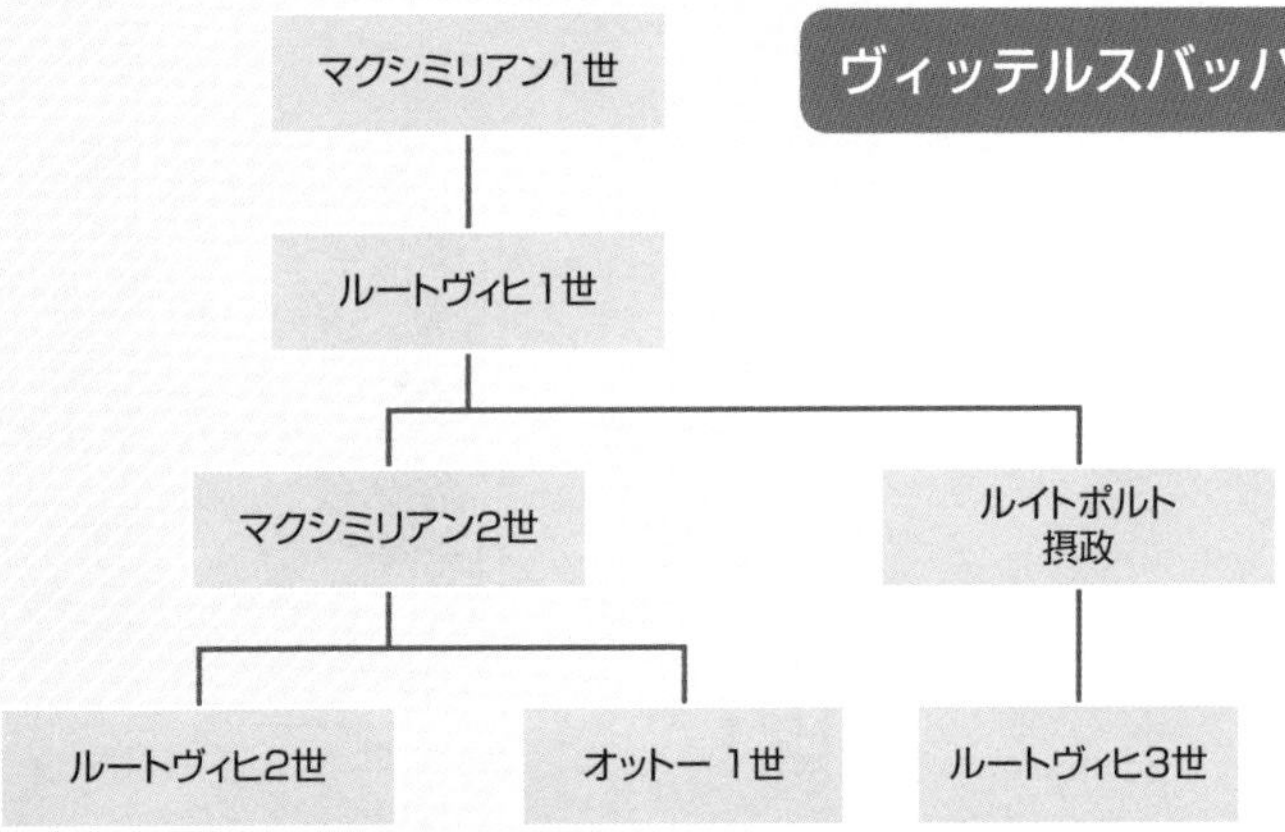

新王ルートヴィヒ一世はかなりの女好きだった。妻のテレーゼがいたが、絶えず愛人を作り、画家には美女の肖像画を何枚も描かせたという。

もう**二次元の女性まで好き**やん。

六一歳の時、**二九歳**の**ローラ・モンテス**に夢中になる。

歳の差！

ローラは、ダンサーであり女優。ルートヴィヒの政治にまで口を出し、自由主義な考えで影響を与えたため、保守的なカトリック貴族から反感を買った。そのためルートヴィヒ一世は**自ら退位に追い込まれる**。

女好きのせいで王位を失ったやん。

のんびり隠居生活を送りたかっただけという話もあるけどね。退位から約二〇年後、**八一歳**でこの世を去った。

隠居生活が気に入りすぎて、めっちゃ長生きしている。

後を継いだのは、息子の**マクシミリアン二世**だ。

ルートヴィヒ一世。1786～。女性が好き（次元は問わない）。

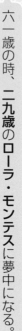

頭皮というか、髪の感じはずっと遺伝してるわね。

イケメンはまだか。

彼は父親のルートヴィヒ一世と違って人気があった。文化と教育に力を入れ、バイエルンをドイツに併合しようとするビスマルクから国を守り通したのさ。しかし、マクシミリアン二世は五四歳でこの世を去る。

お疲れさま。隠居生活していればもっと長生きできたかしら……。

後を継いだのは長男の**ルートヴィヒ二世**。

髪型どうした。

イケメンなのにどういうことだ、**説明しろ。**

毎朝、理髪師に命じてこの髪型にセットしていたという。

遺伝に打ち勝ってフサフサを手に入れたから変な方向に行ったのね。

マクシミリアン二世。1811～。

ルートヴィヒ二世。1845～。晩年まで髪に恵まれた。

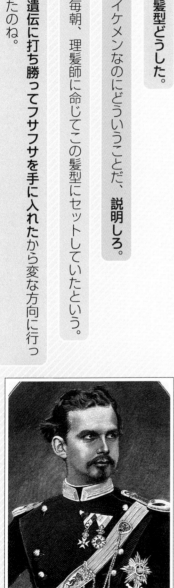

それが理由かよ。彼は使用人がこの髪型を見つめていると、洗面器をひっくり返して怒ったという。

だったら変な髪型やめろよ！

イケメンだけど女性嫌いで、**美青年が好き**だったのさ。

おじいちゃんのルートヴィヒ一世と真逆なのね。

彼はオペラが大好きだった。特に作曲家で「楽劇王」とも呼ばれた天才**リヒャルト・ワーグナー**に熱を上げていたよ。

えーと、ワーグナーの音楽が好きなのか、**ワーグナー本人に熱を上げていた**のかどっちなのかしら。

それは**本人にしかわからない**が、ワーグナーを「**第二のローラ**」と呼ぶ者もいたという。ルートヴィヒ二世はワーグナーがオペラ劇場を建設しようとすれば援助し、**ファンレターをたくさん書いた。**

援助までしてるのに**ファン止まり**な件。

いやそんなことはない。ルートヴィヒ二世は政治で困窮した時、**一番の願いはワーグナーと一緒にスイスへ逃げること**だったという。

どんな国王なの。

女嫌いなこともあり結婚することはなく、やがて精神を患っていった。**くしゃみをした者に死刑宣告**をしたり。

死刑になるほどのくしゃみとは。

さすがにこの宣告が実行されることはなかった。だが他にも、**洞窟でプロイセンの王子を鎖でつなぐために、人を雇おうとした。**

精神の病み方が独特すぎるし、情報量が多すぎる。

王子を鎖でつなぐための求人は笑う。

彼の精神状態に危機感を感じた政府は、ルートヴィヒ二世の**廃位**を決定した。

空いた玉座をよこせ。

彼は治療としてベルク城に送られ、ほぼ幽閉状態となった。だが二年後、ある晩に医

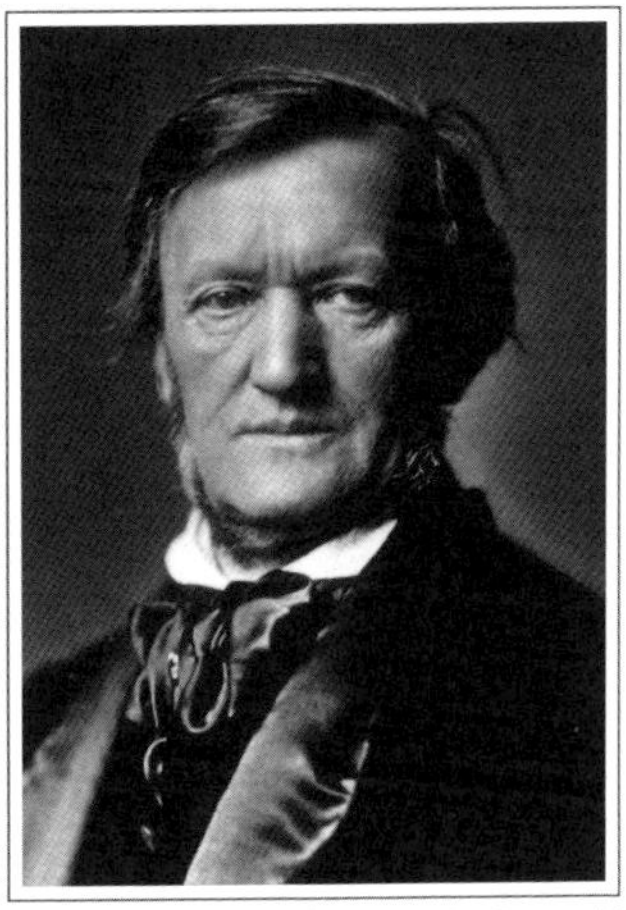

リヒャルト・ワーグナー。1813～。ドイツの作曲家。

平松のワンポイント

【ワグネリアン】

ワーグナーには熱狂的なファンが多くいることで有名で、そのような人々のことをワグネリアンと呼びます。ニーチェやヒトラー、トーマス＝マンなどがワグネリアンであったことが知られています。

師と一緒に散歩に出た後、**二人とも湖に浮いているのが発見された**。まだ**四〇歳**だったよ。

ルートヴィヒー!!

なぜ医師も一緒に水死体となっていたのか。実際に医師が精神病を鑑定した記録はなく、彼は本当に精神を病んでいたのかは謎だ。もしかすると彼はずっと正気であり、何かの陰謀に巻き込まれたのか……。

正気なのに王子を鎖でつなごうとしてたら、**それはそれで問題があるわ**。ワーグナーと一緒にスイスへ逃げられていれば、もっと長生きできたんじゃないかしら……。

いや、ワーグナーの人生もあるからな。なんで**変な髪型の奴と逃亡しなきゃならんのだ**。ルートヴィヒの退位後、叔父の**ルイトポルト**が摂政として政治を行った。

つまりルイトポルトによる**王宮内クーデター**だったのね。

なるほどな。

勝手に納得すんな！　ルートヴィヒ二世の死によって弟の**オットー一世**が王位についたが、彼も**精神を病んでいた**。

弟もかよ。

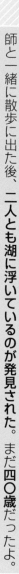

ニックネームは「**狂王**」。

ストレートすぎる。

オットーは六八歳まで生きることができたよ。しかし、国王としての仕事ができない状態が続いたため**死の三年前に廃位**され、いとこの**ルートヴィヒ三世**が後を継いだ。この人は摂政だったルイトポルトの息子でもあるよ。だが、ルートヴィヒ三世が即位して五年後、第一次世界大戦の混乱の中で**逃亡**。

ワーグナーと？

みんなワーグナー好きすぎるだろ！ そうじゃなくて家族と一緒に逃げたんだよ。王を退位し、「バイエルン王国」はドイツの一部としてひっそりと**地図からその名を消した。**

玉座を奪おうと思ったら**王国ごと消えた**ぞ。

第一次世界大戦ではバイエルンだけでなく、プロイセンやオーストリア＝ハンガリー帝国など多くの君主国が滅亡したよ。

ワシのロシア帝国もそこで終わったわ。

ナポレオンのエルバ公国脱出みたいによくわからない終わり方もある。しかし多くの王家が終わる時、戦争や断絶、時にはネパールのような事件だったり、**悲しい出来事がその背後にはある**のさ。

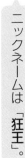

たしかに戦争がなければ……。もしくはナポレオンがおとなしく流刑地でジャガイモを作っていれば、それともワーグナーが一緒に逃げてくれていたら。今でも多くの王家を見られたかもしれないわね。

そして、この**本の解説もここで終わる。**

本が終わるのも悲しいー！

王家と本の終わりを一緒にしたら怒られるぞ。

うぅ、うおおお。ううううう。

ソフィアちゃんも泣いてくれてるわ。

今も多くの王家が存在している。彼らにはぜひこれからも続いてほしい。末長い王家の存続は、悲しい出来事がこれ以上起きないことを意味しているのだから。

そうだ、王家は続くべきなのだ。

ソフィアちゃんも平和を願っているのね。

ワシが奪う玉座がなくならないように。

目的がそれかよ！

お前けっこうイケメンじゃな
チェーザレが最後の戦いよりピンチだぞ…
みんな…また会いましょうね

参考文献

第1章

『名画で読み解く ハプスブルク家12の物語』中野京子／著（光文社）
『スペインフェリペ二世の生涯：慎重王とヨーロッパ王家の王女たち』西川和子／著（彩流社）
『浮気な国王フェリペ四世の宮廷生活』佐竹謙一／著（岩波書店）
『ハプスブルク家700年の顔の変化 下唇突出の家系』平下斐雄／著（文藝春秋企画出版部）
Carlos II of Spain, 'The Bewitched': cursed by aspartylglucosaminuria? https://neurologyopen.bmj.com/content/3/2/e000072
Hydrocephalus of King Charles II of Spain, the Bewitched King https://www.karger.com/Article/Fulltext/500719

第2章

『古代エジプト女王・王妃歴代誌』ジョイス・ティルディスレイ／著、吉村作治／監修（創元社）
『エジプトの女王 6人の支配者で知る新しい古代史』（ナショナルジオグラフィック別冊）カーラ・クーニー／著、ナショナル ジオグラフィック／編（日経ナショナル ジオグラフィック）
『世界一面白い 古代エジプトの謎【ツタンカーメン／クレオパトラ篇】』吉村作治／著（KADOKAWA）
『全系図付エジプト歴代王朝史』エイダン・ドトソン／著、ディアン・ヒルトン／著、池田裕／翻訳（東洋書林）
『古代エジプト人―その神々と生活』ロザリー・デイヴィッド／著、近藤二郎／翻訳（筑摩書房）
『新版増補 古代エジプトの神々』松本弥／著（弥呂久）
『大英博物館 古代エジプト百科事典』イアン・ショー／著、ポール・ニコルソン／著、内田杉彦／翻訳（原書房）

第3章

『「悪」が変えた世界史 上』ヴィクトル・バタジオン／著、神田順子／翻訳、田辺希久子／翻訳、松永りえ／翻訳（原書房）
『ルネサンスの歴史（下）反宗教改革のイタリア』I・モンタネッリ／著、R・ジェルヴァーゾ／著、藤沢道郎／編集・翻訳（中央公論新社）
『イタリアの中世都市』亀長洋子／著（山川出版社）
『ルクレツィア ボルジア家の業を背負う女性』青笹慶彦／著（いるかネットブックス）
『美貌のひと2 時空を超えて輝く』中野京子／著（PHP研究所）
『ボルジア家』イヴァン・クルーラス／著、大久保昭男／翻訳（河出書房新書）
『クレオパトラ』ステイシー・シフ／著、近藤二郎／監修、仁木めぐみ／翻訳（早川書房）

第4章

『ビザンツ帝国史』尚樹啓太郎／著（東海大学出版会）
『ビザンツ帝国 千年の攻防と皇帝たち』中谷功治／著（中央公論新社）
『ナポレオン四代―二人のフランス皇帝と悲運の後継者たち』野村啓介／著（中央公論新社）
『ネパール全史』佐伯和彦／著（明石書店）
『ルートヴィヒ二世と音楽』R.ミュンスター／著、小塩節／翻訳（音楽之友社）
『ワーグナー』吉田真／著（音楽之友社）
『世界の王室うんちく大全』八幡和郎／著（平凡社）
『世界滅亡国家史』ギデオン・デフォー／著、杉田真／翻訳（サンマーク出版）

おわりに

ツタンカーメンの家系図解説は、三年前に初めて作った動画でした。YouTubeはチャンネル登録者一〇〇〇人が、一番初めの目標となります。半年、いや一年以上かかるかもしれない覚悟でスタートしたのを覚えています。しかし、この前後編で一万二〇〇〇人以上の方に登録していただき、私にとってまさに運命を変えてくれた動画となりました。まさか三千年以上前のエジプト王に助けられるとは、運命とは不思議なものです。いつか天国で会うことができたらお礼を言いたいと思います。まだ天国にいたら、さっさと生まれ変われよとツッコんでしまいそうですけれど。そうしたら、機嫌を損ねてフンコロガシを投げつけられるかもしれません。古代エジプトのフンコロガシは神聖な甲虫とされていましたが、死後三千年以上もフンコロガシを信仰しているわけがないので、平気で掴んで投げてくるでしょう。

スペイン・ハプスブルク家はツタンカーメンの次のシリーズで、特にカール五世はチャンネルでソフィアと共に人気キャラ（?）として時々登場しています。全然関係ないシリーズでも勝手に登場させたりしています。この本ではそんなツタンカーメンとスペイン・ハプスブルク家をリメイクすることができ嬉しく思います。

中学生時代、授業で某国民的アニメの家系図が配られて以来、家系図には興味を持っていました。他人の個人的歴史を覗き見るような不思議な感覚。有名人の私生活を勝手に見るようなワクワク感。ゴシップ好きな心がくすぐられたのでしょう。なんせ、海外セレブのゴシップ誌を毎月購入していたぐらいゴシップ好きなのです。そう考えると、

歴史が好きなのも彼らの私生活が見えて面白いからなのかもしれません。歴史はツッコミ不在のボケと同時に、歴史上の人物たちのゴシップにまみれています。結婚、離婚、浮気。手紙の内容まで流出しています。現代で言えばメールやラインの流出と同じです。歴史、流出しすぎ。

ボルジア家はリクエストも多く、以前から追いかけたい人たちでした。やたらキャラの濃い彼らの生きざまは、本書のメインである第3章を彩ってくれました。チェーザレについての本を書いたという点だけを見ると、ある意味で私は「君主論」のマキャヴェリと同じとも言えますね。いつか天国でマキャヴェリに挨拶したいと思います。たぶん無視されます。

4章はひとつひとつは短いながらソフィアも解説に加わり、全員無能のアンゲロス家、一年も経たずに痔の薬を買いに行って終わったエルバ公国家、王族事件のシャハ家、やたらワーグナーと逃げたがるヴィッテルスバッハ家と濃い王家が目白押しで、楽しく執筆できました。世界にはまだまだ興味深い王家がたくさんあるのです。

さて、本を出すことは長年の私の夢でした。まさか動画の方向から夢が叶うとは、三年前のあの日は思いもしませんでした。昔の私に教えてあげたいところです。その夢は叶うんだよ、と。不登校で苦しんだ時期もあったので、伝えることができたならどんなに励みになったでしょう。ここまで導いてくださった視聴者様、声をかけていただき本書の出版にご協力いただいたKADOKAWAの編集様、監修していただいた平松健先生、図版など作成していただいた方など多くの方に心からの感謝を捧げます。そして、この本を手に取っていただいた方々、本当にありがとうございました。チャンネルでも、またお会いできることを願っています。

【著者】弥嶋 よつば（やじま　よつば）
「よつばch」を運営する、世界史ゆっくり解説系YouTuber。
学生時代に家系図に興味をもったことがきっかけで世界の王家・名家の歴史に深い関心を抱くようになり、2020年に初めて解説動画をYouTubeにアップしたところ、1カ月で登録者数2.5万人となった。これまでにハプスブルク家、メディチ家、ロマノフ家などの動画が人気をあつめ、現在登録者数19万人（2023年6月）。

【監修】平松 健（ひらまつ　けん）
河合塾世界史科講師。高校時代にポエニ戦争のハンニバルのアルプス越えに衝撃を受け大学でローマ史を学ぶ。大学在学中に塾講師のアルバイトをしたことで予備校講師を志す。その後、予備校講師として勤務する傍ら、大学院に進学し「歴史を学ぶ意味」や「暗記型授業」からの脱却を研究する。
「受験は楽しく乗り切る」がモットーで授業中は笑い声が絶えない。また、授業内容は受験に関する知識にとどまらない深い話も多く、「受験にとどまらない世界史を学ぶことができた」との声が毎年寄せられる。
著書に『改訂版 大学入学共通テスト 世界史B予想問題集』（KADOKAWA）がある。YouTubeチャンネル「平松の世界史鉄則集」も好評。

明日誰《あしただれ》かに話《はな》したくなる　王家《おうけ》の話《はなし》

2023年 6 月30日　初版発行
2023年 7 月25日　再版発行

著者／弥嶋《やじま》 よつば
監修／平松《ひらまつ》 健《けん》

発行者／山下 直久

発行／株式会社KADOKAWA
〒102-8177　東京都千代田区富士見2-13-3
電話 0570-002-301（ナビダイヤル）

印刷所／凸版印刷株式会社

製本所／凸版印刷株式会社

●お問い合わせ
https://www.kadokawa.co.jp/（「お問い合わせ」へお進みください）
※内容によっては、お答えできない場合があります。
※サポートは日本国内のみとさせていただきます。
※Japanese text only

定価はカバーに表示してあります。

ISBN 978-4-04-605923-9　C0022